自民党憲法改正草案にダメ出し食らわす！

小林 節＋伊藤 真【著】

合同出版

もくじ

装丁 岩瀬 聡　本文デザイン TR.デザインルーム　文構成 加藤直樹　写真 李 尚秀

はしがき

伊藤 真

冷戦時代に盛んだった改憲論議は九条改正論でした。改憲派といえば九条改憲派、護憲派は九条護憲派です。

両者は左右に分かれて対立し続けました。しかし、その対立を解消する合意はもちろん、それぞれの主張について歩み寄ることは一切ありませんでした。平和に対する考え方の違いや議論そのものを避けようとする態度もその原因のひとつですが、お互いが自分の正義を相手に押し付けるやり方しか持たなかったことが最大の原因のように思います。双方が、イデオロギーに支えられた「正義」を頑なに守り、「ひとつだけの真理」を信仰しながら、一方でそれに賛同する人を増やし、他方でそれに異を唱える立場には、全否定して打ち負かすというやり方です。

論敵に対するこのような接し方は、冷戦が終わった今日でも、残念ながらあまり進歩はみられません。国会でも、強行採決含みで決を採ることもしばしばです。特に憲法改正を巡る議論は、合意を形成するための技法が決定的に欠けているように思うのです。

では、憲法改正を議論する技法とは何でしょう。

私は、従来から護憲派に分類されることが多いのですが、いかなる憲法改正にも反対する立場ではありません。立憲主義という近代憲法の存在理由をふまえ、国民が十分に議論を尽くして行なった改正であれば、それは主権者である国民の選択として尊重されるべきです。しいて言えば、「護憲」でも「改憲」でもない「立憲」の立場です。

そして、そこで行なわれるべき「議論」は、それぞれの「正義」や「ひとつだけの真理」を実現するための議論ではありません。合意した結論に拘束される前提で、時に妥協をしながら、異なる考えを持つ他者との間で相互に理解を深めながら冷静に行なう議論です。他者に敬意を払いつつ、各々の意見がどこまで共通し、どこからが違うのかを知ることこそ、議論をする際の重要な技法なのです。人間は社会との関わりをもたずに生きていくことはできません。「ひとつだけの真理」にかなわないから従わない、というような態度では、社会が何かを決めることはできませんし、いつまでたっても国家主導の官僚支配が続き、現行憲法が予定する自由で民主的な社会にはならないでしょう。

私は慶應義塾大学で尊敬してやまない小林節先生と一緒に大学院のゼミを担当させていただき、かれこれ7、8年になります。小林先生は改憲派の論客で、九条のことなどでは私と意見は異なります。しかし、憲法の根本の部分である立憲主義に関してはピタリと一致しています。

ともに、立憲主義に則り、この国をよくしていこうという点では考え方が共通するのです。そういう共通点を認識しながら、議論する際には、自分だけの正義を主張するのではなく、むしろ相手の考えの特徴やその背後にある価値観を明確にすることを心がけてきました。そのことが、立場が違ってもよい信頼関係を続けてくることができた要因だと思っています。

そしてこのことは、立憲主義を否定する改憲派の方との関係でも当てはまると信じています。今回の自民党草案を作った人たちも、この国を少しでも良くしていこうという気持ちは、私たちと変わりはないと思います。そういう共通点を認識したうえで、ではどうして違いが出てきたのかを、共通の土俵で議論することが必要です。立憲主義思想が危惧する事態に、自民党草案に関わった人たちはどのように対処するのか。また逆に私たちは、文化や伝統などの国の形、国防、家族愛、愛国心、倫理や道徳への向き合い方をどうするのか。総論的な正義をぶつけるのではなく、そのようにして各論・具体論を積み上げる議論こそが求められているように思うのです。

この本を通じて理解して欲しいのは、立憲主義もそうですが、そのような合意に向けた議論の技法なのです。立場を超えて共通点を知り、具体的な問題ごとに共通の土俵で議論しながら合意していく技法です。それが主権者が主体的に生きるために必要なことであり、現行憲法が目指す自由で民主的な社会そのものだと思うのです。

第Ⅰ部 [添削編]

自民党憲法改正草案への赤字添削

改正草案

（前文）

日本国は、長い歴史と固有の文化を持ち、国民統合の象徴である天皇を戴いただく国家であって、**国民主権**の下、立法、行政及び司法の三権分立に基づいて統治される。

我が国は、先の大戦による荒廃や幾多の大災害を乗り越えて発展し、今や国際社会において重要な地位を占めており、**平和主義**の下、諸外国との友好関係を増進し、世界の平和と繁栄に貢献する。

日本国民は、国と郷土を誇りと気概を持って自ら守り、**基本的人権を尊重**するとともに、和を尊び、家族や社会全体が互いに助け合って国家を形成する。

我々は、自由と規律を重んじ、美しい国土と自然環境を守りつつ、教育や科学技術を振興し、活力ある経済活動を通じて国を成長させる。

人権尊重するのは、まず国でしょうが（伊）

現憲法の三大原理を踏襲しており（明治憲法へ戻るのでなくて）良い（小）

いきなり国からはじまります（伊）

文化、歴史、伝統を憲法にいれちゃだめでしょ。これらの評価はひとそれぞれなんだから。特定の価値の押しつけになっちゃう（伊）

国民主権国家とは思えない表現！（伊）

加害者としての反省は一言もなし（伊）

自慢話が続きます（伊）

出ました、国防精神！（伊）

そうか、我々はまず国を成長させないと…個人の幸せは二の次（伊）

御節介だ。「法は道徳に介入せず」だろう（小）

こんなことまで国に言われたくないなあ…しかも抑止力とかいって近隣諸国にケンカ腰の政治家からは特に（伊）

現行憲法

（前文）

日本国民は、正当に選挙された国会における代表者を通じて行動し、われらとわれらの子孫のために、諸国民との協和による成果と、わが国全土にわたつて自由のもたらす恵沢を確保し、政府の行為によつて再び戦争の惨禍が起ることのないやうにすることを決意し、ここに主権が国民に存することを宣言し、この憲法を確定する。そもそも国政は、国民の厳粛な信託によるものであつて、その権威は国民に由来し、その権力は国民の代表者がこれを行使し、その福利は国民がこれを享受する。これは人類普遍の原理であり、この憲法は、かかる原理に基くものである。われらは、これに反する一切の憲法、法令及び詔勅を排除する。

日本国民は、恒久の平和を念願し、人間相互の関係を支配する崇高な理想を深く自覚するのであつて、平和を愛する諸国民の公正と信義に信頼して、われらの安全と生存を保持しようと決意した。われらは、平和を維持し、専制と隷従、圧迫と偏狭を地上から永遠に除去しようと努めてゐる国際社会において、名誉ある地位を占めたいと思ふ。われらは、全世界の国民が、

＊添削は、自民党改憲草案のうち、特に重要な、前文、第一章天皇、第二章安全保障、第三章国民の権利及び義務、第十章改正に対し行ないました。

日本国民は、良き伝統と我々の国家を末永く子孫に継承するため、ここに、この憲法を制定する。

> 国民の自由や平和のためでなく、国家のための憲法。ここまで国中心に徹してもらうとかえって気持ちがいい（伊）

第一章　天皇

（天皇）

第一条　天皇は、日本国の元首であり、日本国及び日本国民統合の象徴であって、その地位は、主権の存する日本国民の総意に基づく。

> あえて憲法で地位を与えると、そこからどんどん広がるおそれが…（伊）

（皇位の継承）

第二条　皇位は、世襲のものであって、国会の議決した皇室典範の定めるところにより、これを継承する。

（国旗及び国歌）

第三条　国旗は日章旗とし、国歌は君が代とする。

> 憲法で天皇の世が末永く続くことを言祝ぐ歌を国歌にするのであれば、いっそのこと君主制国家であることをうたえばいいのに（伊）

> 明治憲法下で公式に「天皇制の賛美歌」として用いられた事実がある以上、まずそれを公式に否定する手続が前置されるべきであろう（小）

ひとしく恐怖と欠乏から免かれ、平和のうちに生存する権利を有することを確認する。

われらは、いづれの国家も、自国のことのみに専念して他国を無視してはならないのであつて、政治道徳の法則は、普遍的なものであり、この法則に従ふことは、自国の主権を維持し、他国と対等関係に立たうとする各国の責務であると信ずる。

日本国民は、国家の名誉にかけ、全力をあげてこの崇高な理想と目的を達成することを誓ふ。

第一章　天皇

第一条　天皇は、日本国の象徴であり日本国民統合の象徴であつて、この地位は、主権の存する日本国民の総意に基く。

第二条　皇位は、世襲のものであつて、国会の議決した皇室典範の定めるところにより、これを継承する。

第三条　天皇の国事に関するすべての行為には、内閣の助言と承認を必要とし、内閣が、その責任を負ふ。

「時の所有者」としての中国の皇帝の伝統に由来する。国民主権国家に相応しいのか？　まず議論が必要だろう㊙︎

改正草案

2　日本国民は、国旗及び国歌を尊重しなければならない。

この先には、国旗損壊罪、そして不敬罪復活が待っている！（伊）

（元号）

第四条　元号は、法律の定めるところにより、皇位の継承があったときに制定する。

あえて憲法に入れる意味不明（伊）

（天皇の権能）

第五条　天皇は、この憲法に定める国事に関する行為を行い、国政に関する権能を有しない。

わざわざ「のみ」をはずしたね（伊）

〔削除〕

〔削除〕

（天皇の国事行為等）

第六条　天皇は、国民のために、国会の指名に基づい

現行憲法

〔新設〕

〔新設〕

第四条　天皇は、この憲法の定める国事に関する行為のみを行ひ、国政に関する権能を有しない。

②　天皇は、法律の定めるところにより、その国事に関する行為を委任することができる。

第五条　皇室典範の定めるところにより摂政を置くときは、摂政は、天皇の名でその国事に関する行為を行ふ。この場合には、前条第一項の規定を準用する。

第六条　天皇は、国会の指名に基いて、内閣総理大臣

て内閣総理大臣を任命し、内閣の指名に基づいて最高裁判所の長である裁判官を任命する。

2　天皇は、国民のために、次に掲げる国事に関する行為を行う。

一　憲法改正、法律、政令及び条約を公布すること。

二　国会を召集すること。

三　衆議院を解散すること。

四　衆議院議員の総選挙及び参議院議員の通常選挙の施行を公示すること。

五　国務大臣及び法律の定めるその他の国の公務員の任免を認証すること。

六　大赦、特赦、減刑、刑の執行の免除及び復権を認証すること。

七　栄典を授与すること。

八　全権委任状並びに大使及び公使の信任状並びに批准書及び法律の定めるその他の外交文書を認証すること。

九　外国の大使及び公使を接受すること。

十　儀式を行うこと。

を任命する。

②　天皇は、内閣の指名に基いて、最高裁判所の長たる裁判官を任命する。

第七条　天皇は、内閣の助言と承認により、国民のために、左の国事に関する行為を行ふ。

一　憲法改正、法律、政令及び条約を公布すること。

二　国会を召集すること。

三　衆議院を解散すること。

四　国会議員の総選挙の施行を公示すること。

五　国務大臣及び法律の定めるその他の官吏の任免並びに全権委任状及び大使及び公使の信任状を認証すること。

六　大赦、特赦、減刑、刑の執行の免除及び復権を認証すること。

七　栄典を授与すること。

八　批准書及び法律の定めるその他の外交文書を認証すること。

九　外国の大使及び公使を接受すること。

十　儀式を行ふこと。

改正草案

むしろ、天皇の政治利用は行なわれ得ないようにすべきではないか（小）

3　天皇は、法律の定めるところにより、前二項の行為を委任することができる。

4　天皇の国事に関する全ての行為には、内閣の進言を必要とし、内閣がその責任を負う。ただし、衆議院の解散については、内閣総理大臣の進言による。

あたかも決定権が天皇にあるかのような表現（伊）

5　第一項及び第二項に掲げるもののほか、天皇は、国又は地方自治体その他の公共団体が主催する式典への出席その他の公的な行為を行う。

内閣の進言不要の天皇の行為がどんどん広がる！（伊）

（摂政）
第七条　皇室典範の定めるところにより摂政を置くときは、摂政は、天皇の名で、その国事に関する行為を行う。

2　第五条及び前条第四項の規定は、摂政について準用する。

（皇室への財産の譲渡等の制限）
第八条　皇室に財産を譲り渡し、又は皇室が財産を譲り受け、若しくは賜与するには、法律で定める場合を

皇室に財産は不要（有害・財閥化）ではないか？（88条を参照せよ）（小）

現行憲法

第四条　（略）

②　天皇は、法律の定めるところにより、その国事に関する行為を委任することができる

第三条　天皇の国事に関するすべての行為には、内閣の助言と承認を必要とし、内閣が、その責任を負ふ。

〔新設〕

第五条　皇室典範の定めるところにより摂政を置くときは、摂政は、天皇の名でその国事に関する行為を行ふ。この場合には、前条第一項の規定を準用する。

第八条　皇室に財産を譲り渡し、又は皇室が、財産を譲り受け、若しくは賜与することは、国会の議決に基かなければならない。

除き、国会の承認を経なければならない。

「戦争の放棄」という章がなくなります。当然か…㊑

第二章　安全保障

（平和主義）

第九条　日本国民は、正義と秩序を基調とする国際平和を誠実に希求し、国権の発動としての戦争を放棄し、武力による威嚇及び武力の行使は、国際紛争を解決する手段としては用いない。

今時、戦争すると宣言する国はありませんから、当たり前のことを書いただけです。歯止めにはなりません。もちろんないよりあった方がいいですが㊑

単に「侵略戦争は行わない」と書けば分かり易い㊧

2　前項の規定は、自衛権の発動を妨げるものではない。

集団的自衛権ＯＫ！これで国民を犠牲にして友達国家を救うことができる！友達には感謝されることだろう㊑

交戦権の否認の削除！これにより、交戦相手国兵士を殺傷できるのが原則となる！㊑

（国防軍）

第九条の二　我が国の平和と独立並びに国及び国民の安全を確保するため、内閣総理大臣を最高指揮官とする国防軍を保持する。

国防だけが目的ではない、つまり専守防衛をやめようというのが本音だが、国防軍というと国民が「国を守るための軍隊」と思ってくれるので、彼らからすればいいネーミングだ。これなら本当は日本国軍とすべきだけど㊑

やっぱり国民の安全は最後です。軍隊なんだから当然ですが㊑

第二章　戦争の放棄

第九条　日本国民は、正義と秩序を基調とする国際平和を誠実に希求し、国権の発動たる戦争と、武力による威嚇又は武力の行使は、国際紛争を解決する手段としては、永久にこれを放棄する。

②　前項の目的を達するため、陸海空軍その他の戦力は、これを保持しない。国の交戦権は、これを認めない。

〔新設〕

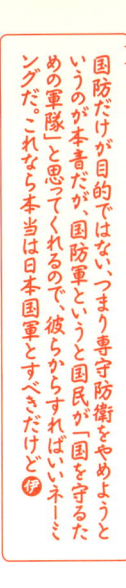

海外派兵は国の命運にかかわることなので、その条件（例えば、国連決議と国会の事前承認）は憲法に明記すべきである㊫

改正草案

2　国防軍は、前項の規定による任務を遂行する際は、法律の定めるところにより、国会の承認その他の統制に服する。

3　国防軍は、第一項に規定する任務を遂行するための活動のほか、法律の定めるところにより、国際社会の平和と安全を確保するために国際的に協調して行われる活動及び公の秩序を維持し、又は国民の生命若しくは自由を守るための活動を行うことができる。

4　前二項に定めるもののほか、国防軍の組織、統制及び機密の保持に関する事項は、法律で定める。

5　国防軍に属する軍人その他の公務員がその職務の実施に伴う罪又は国防軍の機密に関する罪を犯した場合の裁判を行うため、法律の定めるところにより、国防軍に審判所を置く。この場合においては、被告人が裁判所へ上訴する権利は、保障されなければならない。

国会以外の統制でもOKというわけか。まさか米軍の統制？伊

法律で決めれば海外派兵も自由。国連決議もいらない！伊

デモ隊鎮圧のためにも出動できる！武器を持った軍隊の重要な任務だ伊

軍事機密保護は同盟国との関係で絶対だから、文民統制など不可能だと覚悟しよう！伊

出ました。軍法会議！これでやっと本物の軍隊となれる訳だ。もちろん一般人も裁かれることになる伊

現行憲法

「それを濫用しない。また、公共の利益に従う」と義務と限定すべきである。(現12条、13条を参照せよ)㊫

（領土等の保全等）
第九条の三　国は、主権と独立を守るため、国民と協力して、領土、領海及び領空を保全し、その資源を確保しなければならない。

第三章　国民の権利及び義務

（日本国民）
第十条　日本国民の要件は、法律で定める。

（基本的人権の享有）
第十一条　国民は、全ての基本的人権を享有する。この憲法が国民に保障する基本的人権は、侵すことのできない永久の権利である。

（国民の責務）
第十二条　この憲法が国民に保障する自由及び権利は、国民の不断の努力により、保持されなければならない。国民は、これを濫用してはならず、自由及び権利には責任及び義務が伴うことを自覚し、常に公益及

国民にも協力してほしいなあ。協力してね！いや、協力しなさい!!協力しろ!!! ㊌

国が決めた秩序の下でしか人権は保障されない。覚悟しておこう！㊌

この「常に」に注目！常にだ、常に！㊌

〔新設〕

第三章　国民の権利及び義務

第十条　日本国民たる要件は、法律でこれを定める。

第十一条　国民は、すべての基本的人権の享有を妨げられない。この憲法が国民に保障する基本的人権は、侵すことのできない永久の権利として、現在及び将来の国民に与へられる。

第十二条　この憲法が国民に保障する自由及び権利は、国民の不断の努力によつて、これを保持しなければならない。又、国民は、これを濫用してはならないのであつて、常に公共の福祉のためにこれを利用する責任を負ふ。

改正草案

び公の秩序に反してはならない。

（人としての尊重等）
第十三条　全て国民は、人として尊重される。生命、自由及び幸福追求に対する国民の権利については、公益及び公の秩序に反しない限り、立法その他の国政の上で、最大限に尊重されなければならない。

（法の下の平等）
第十四条　全て国民は、法の下に平等であって、人種、信条、性別、障害の有無、社会的身分又は門地により、政治的、経済的又は社会的関係において、差別されない。
2　華族その他の貴族の制度は、認めない。
3　栄誉、勲章その他の栄典の授与は、現にこれを有し、又は将来これを受ける者の一代に限り、その効力を有する。

（公務員の選定及び罷免に関する権利等）
第十五条　公務員を選定し、及び罷免することは、主権の存する国民の権利である。

残念ながらかけがえのない個人としては尊重されない訳だ。近代憲法の本流から決別の宣言だ（伊）

差別禁止の「理由」を増やした点は正当であるが、いずれにせよ「不合理」な理由による差別は許されない（理由はこれらに限定されない）ことを忘れてはならない（小）

特権付与禁止を削除したので、勲章とともに特権を付与できるようになる（伊）

現行憲法

第十三条　すべて国民は、個人として尊重される。生命、自由及び幸福追求に対する国民の権利については、公共の福祉に反しない限り、立法その他の国政の上で、最大の尊重を必要とする。

第十四条　すべて国民は、法の下に平等であつて、人種、信条、性別、社会的身分又は門地により、政治的、経済的又は社会的関係において、差別されない。
②　華族その他の貴族の制度は、これを認めない。
③　栄誉、勲章その他の栄典の授与は、いかなる特権も伴はない。栄典の授与は、現にこれを有し、又は将来これを受ける者の一代に限り、その効力を有する。

第十五条　公務員を選定し、及びこれを罷免することは、国民固有の権利である。
②　すべて公務員は、全体の奉仕者であつて、一部の

2　全て公務員は、全体の奉仕者であって、一部の奉仕者ではない。
3　公務員の選定を選挙により行う場合は、日本国籍を有する成年者による普通選挙の方法による。
4　選挙における投票の秘密は、侵されない。選挙人は、その選択に関し、公的にも私的にも責任を問われない。

（請願をする権利）
第十六条　何人も、損害の救済、公務員の罷免、法律、命令又は規則の制定、廃止又は改正その他の事項に関し、平穏に請願をする権利を有する。
2　請願をした者は、そのためにいかなる差別待遇も受けない。

（国等に対する賠償請求権）
第十七条　何人も、公務員の不法行為により損害を受けたときは、法律の定めるところにより、国又は地方自治体その他の公共団体に、その賠償を求めることができる。

定住外国人の選挙権を憲法で明確に否定した伊

奉仕者ではない。
③　公務員の選挙については、成年者による普通選挙を保障する。
④　すべて選挙における投票の秘密は、これを侵してはならない。選挙人は、その選択に関し公的にも私的にも責任を問はれない。

第十六条　何人も、損害の救済、公務員の罷免、法律、命令又は規則の制定、廃止又は改正その他の事項に関し、平穏に請願する権利を有し、何人も、かかる請願をしたためにいかなる差別待遇も受けない。

第十七条　何人も、公務員の不法行為により、損害を受けたときは、法律の定めるところにより、国又は公共団体に、その賠償を求めることができる。

改正草案

（身体の拘束及び苦役からの自由）
第十八条　何人も、その意に反すると否とにかかわらず、社会的又は経済的関係において身体を拘束されない。
2　何人も、犯罪による処罰の場合を除いては、その意に反する苦役に服させられない。

労働契約（つまり自分の意志）による拘束は正当なはずだが？（小）

なんであえて政治的関係を除いたんだろう？（伊）

（思想及び良心の自由）
第十九条　思想及び良心の自由は、保障する。

（個人情報の不当取得の禁止等）
第十九条の二　何人も、個人に関する情報を不当に取得し、保有し、又は利用してはならない。

プライバシー権という国民の権利にはしない訳だね（伊）

（信教の自由）
第二十条　信教の自由は、保障する。国は、いかなる宗教団体に対しても、特権を与えてはならない。
2　何人も、宗教上の行為、祝典、儀式又は行事に参加することを強制されない。
3　国及び地方自治体その他の公共団体は、特定の宗教のための教育その他の宗教的活動をしてはならな

あえて「政治上の権力を行使してはならない」をはずした意図は？（伊）

現行憲法

第十八条　何人も、いかなる奴隷的拘束も受けない。又、犯罪に因る処罰の場合を除いては、その意に反する苦役に服させられない。

第十九条　思想及び良心の自由は、これを侵してはならない。

〔新設〕

第二十条　信教の自由は、何人に対してもこれを保障する。いかなる宗教団体も、国から特権を受け、又は政治上の権力を行使してはならない。
②　何人も、宗教上の行為、祝典、儀式又は行事に参加することを強制されない。
③　国及びその機関は、宗教教育その他いかなる宗教

靖国公式参拝が習俗でなくなっている現代にあっては、この条文だけでそれが合憲にならないことに留意すべきであろう（小）

い。ただし、社会的儀礼又は習俗的行為の範囲を超えないものについては、この限りでない。

これでやっと靖国公式参拝も堂々とできることになる訳だ（伊）

（表現の自由）

第二十一条　集会、結社及び言論、出版その他一切の表現の自由は、保障する。

2　前項の規定にかかわらず、公益及び公の秩序を害することを目的とした活動を行い、並びにそれを目的として結社をすることは、認められない。

表現の自由だけあえてこれを入れたか。どんどん規制を広げていくつもりなんだろう（伊）

3　検閲は、してはならない。通信の秘密は、侵してはならない。

（国政上の行為に関する説明の責務）

第二十一条の二　国は、国政上の行為につき国民に説明する責務を負う。

知る権利としては保障されてない。国はいくらでも国家秘密の名目で情報を隠せそう（伊）

ここから、主導者国民の側の情報公開請求権が出てくる（小）

（居住、移転及び職業選択等の自由等）

第二十二条　何人も、居住、移転及び職業選択の自由を有する。

経済的強者を制限するための「公共の福祉」をあえてはずした。その意図するところは、「自由競争万歳か!?」（伊）

2　全て国民は、外国に移住し、又は国籍を離脱する

的活動もしてはならない。

第二十一条　集会、結社及び言論、出版その他一切の表現の自由は、これを保障する。

〔新設〕

②　検閲は、これをしてはならない。通信の秘密は、これを侵してはならない。

〔新設〕

第二十二条　何人も、公共の福祉に反しない限り、居住、移転及び職業選択の自由を有する。

②　何人も、外国に移住し、又は国籍を離脱する自由

改正草案

自由を有する。

（学問の自由）

第二十三条　学問の自由は、保障する。

「され」るの方が良い。「する」は上から目線であろう（小）

（家族、婚姻等に関する基本原則）

第二十四条　家族は、社会の自然かつ基礎的な単位として、尊重される。家族は、互いに助け合わなければならない。

どんな家族がモデルになるのかなあ（伊）

2　婚姻は、両性の合意に基づいて成立し、夫婦が同等の権利を有することを基本として、相互の協力により、維持されなければならない。

3　家族、扶養、後見、婚姻及び離婚、財産権、相続並びに親族に関するその他の事項に関しては、法律は、個人の尊厳と両性の本質的平等に立脚して、制定されなければならない。

（生存権等）

第二十五条　全て国民は、健康で文化的な最低限度の生活を営む権利を有する。

出ました。よけいなおせっかい！違憲家族続出か（伊）

よけいなおせっかいだ。「法は道徳に踏み込まず」だ（小）

現行憲法

を侵されない。

第二十三条　学問の自由は、これを保障する。

〔新設〕

第二十四条　婚姻は、両性の合意のみに基いて成立し、夫婦が同等の権利を有することを基本として、相互の協力により、維持されなければならない。

②　配偶者の選択、財産権、相続、住居の選定、離婚並びに婚姻及び家族に関するその他の事項に関しては、法律は、個人の尊厳と両性の本質的平等に立脚して、制定されなければならない。

第二十五条　すべて国民は、健康で文化的な最低限度の生活を営む権利を有する。

②　国は、すべての生活部面について、社会福祉、社

2　国は、国民生活のあらゆる側面において、社会福祉、社会保障及び公衆衛生の向上及び増進に努めなければならない。

（環境保全の責務）

第二十五条の二　国は、国民と協力して、国民が良好な環境を享受することができるようにその保全に努めなければならない。

（在外国民の保護）

第二十五条の三　国は、国外において緊急事態が生じたときは、在外国民の保護に努めなければならない。

こう書けば、現実に保護されるほど国際社会は甘くない。あっそうか。努力目標だった。むしろ、この名目で軍が出張っていった後がこわい　伊

（犯罪被害者等への配慮）

第二十五条の四　国は、犯罪被害者及びその家族の人権及び処遇に配慮しなければならない。

こう憲法に書かなければ、保護されないのだろうか。政策で対応すべきものを憲法で解決しようとすると、必ずどこかに副作用がでる　伊

（教育に関する権利及び義務等）

第二十六条　全て国民は、法律の定めるところにより、その能力に応じて、等しく教育を受ける権利を有する。

会保障及び公衆衛生の向上及び増進に努めなければならない。

〔新設〕

〔新設〕

〔新設〕

第二十六条　すべて国民は、法律の定めるところにより、その能力に応じて、ひとしく教育を受ける権利を有する。

改正草案

2　全て国民は、法律の定めるところにより、その保護する子に普通教育を受けさせる義務を負う。義務教育は、無償とする。

3　国は、教育が国の未来を切り拓く上で欠くことのできないものであることに鑑み、教育環境の整備に努めなければならない。

国防意識教育、愛国心教育など教育内容に立ち入った環境整備はごめんこうむりたいのだが、こう描けばそうはいかないだろう（伊）

（勤労の権利及び義務等）

第二十七条　全て国民は、勤労の権利を有し、義務を負う。

2　賃金、就業時間、休息その他の勤労条件に関する基準は、法律で定める。

3　何人も、児童を酷使してはならない。

（勤労者の団結権等）

第二十八条　勤労者の団結する権利及び団体交渉その他の団体行動をする権利は、保障する。

2　公務員については、全体の奉仕者であることに鑑み、法律の定めるところにより、前項に規定する権利の全部又は一部を制限することができる。この場合に

現行憲法

②　すべて国民は、法律の定めるところにより、その保護する子女に普通教育を受けさせる義務を負ふ。義務教育は、これを無償とする。

〔新設〕

第二十七条　すべて国民は、勤労の権利を有し、義務を負ふ。

②　賃金、就業時間、休息その他の勤労条件に関する基準は、法律でこれを定める。

③　児童は、これを酷使してはならない。

第二十八条　勤労者の団結する権利及び団体交渉その他の団体行動をする権利は、これを保障する。

〔新設〕

おいては、公務員の勤労条件を改善するため、必要な措置が講じられなければならない。

団結権も含めて法律で自由に制限できるようになる訳だ。事実上、公務員の労働基本権はなくなることになる(伊)

(財産権)

第二十九条　財産権は、保障する。

2　財産権の内容は、公益及び公の秩序に適合するように、法律で定める。この場合において、知的財産権については、国民の知的創造力の向上に資するように配慮しなければならない。

3　私有財産は、正当な補償の下に、公共のために用いることができる。

(納税の義務)

第三十条　国民は、法律の定めるところにより、納税の義務を負う。

(適正手続の保障)

第三十一条　何人も、法律の定める適正な手続によらなければ、その生命若しくは自由を奪われ、又はその他の刑罰を科せられない。

「適正」(フェア)であることこそが、手続で一番大切な部分である(小)

第二十九条　財産権は、これを侵してはならない。

②　財産権の内容は、公共の福祉に適合するやうに、法律でこれを定める。

③　私有財産は、正当な補償の下に、これを公共のために用ひることができる。

第三十条　国民は、法律の定めるところにより、納税の義務を負ふ。

第三十一条　何人も、法律の定める手続によらなければ、その生命若しくは自由を奪はれ、又はその他の刑罰を科せられない。

改正草案

（裁判を受ける権利）
第三十二条　何人も、裁判所において裁判を受ける権利を有する。

（逮捕に関する手続の保障）
第三十三条　何人も、現行犯として逮捕される場合を除いては、裁判官が発し、かつ、理由となっている犯罪を明示する令状によらなければ、逮捕されない。

（抑留及び拘禁に関する手続の保障）
第三十四条　何人も、正当な理由がなく、若しくは理由を直ちに告げられることなく、又は直ちに弁護人に依頼する権利を与えられることなく、抑留され、又は拘禁されない。
2　拘禁された者は、拘禁の理由を直ちに本人及びその弁護人の出席する公開の法廷で示すことを求める権利を有する。

（住居等の不可侵）
第三十五条　何人も、正当な理由に基づいて発せられ、かつ、捜索する場所及び押収する物を明示する令

現行憲法

第三十二条　何人も、裁判所において裁判を受ける権利を奪はれない。

第三十三条　何人も、現行犯として逮捕される場合を除いては、権限を有する司法官憲が発し、且つ理由となつてゐる犯罪を明示する令状によらなければ、逮捕されない。

第三十四条　何人も、理由を直ちに告げられ、且つ、直ちに弁護人に依頼する権利を与へられなければ、抑留又は拘禁されない。又、何人も、正当な理由がなければ、拘禁されず、要求があれば、その理由は、直ちに本人及びその弁護人の出席する公開の法廷で示されなければならない。

第三十五条　何人も、その住居、書類及び所持品について、侵入、捜索及び押収を受けることのない権利は、

状によらなければ、住居その他の場所、書類及び所持品について、侵入、捜索又は押収を受けない。ただし、第三十三条の規定により逮捕される場合は、この限りでない。
2　前項本文の規定による捜索又は押収は、裁判官が発する各別の令状によって行う。

（拷問及び残虐な刑罰の禁止）
第三十六条　公務員による拷問及び残虐な刑罰は、禁止する。

「絶対に」をはずしたのは、公益のため必要なら拷問も辞さないぞという国家の強い意志を示すため!?
伊

（刑事被告人の権利）
第三十七条　全て刑事事件においては、被告人は、公平な裁判所の迅速な公開裁判を受ける権利を有する。
2　被告人は、全ての証人に対して審問する機会を十分に与えられる権利及び公費で自己のために強制的手続により証人を求める権利を有する。
3　被告人は、いかなる場合にも、資格を有する弁護人を依頼することができる。被告人が自らこれを依頼することができないときは、国でこれを付する。

第三十三条の場合を除いては、正当な理由に基いて発せられ、且つ捜索する場所及び押収する物を明示する令状がなければ、侵されない。
②　捜索又は押収は、権限を有する司法官憲が発する各別の令状により、これを行ふ。

第三十六条　公務員による拷問及び残虐な刑罰は、絶対にこれを禁ずる。

第三十七条　すべて刑事事件においては、被告人は、公平な裁判所の迅速な公開裁判を受ける権利を有する。
②　刑事被告人は、すべての証人に対して審問する機会を充分に与へられ、又、公費で自己のために強制的手続により証人を求める権利を有する。
③　刑事被告人は、いかなる場合にも、資格を有する弁護人を依頼することができる。被告人が自らこれを依頼することができないときは、国でこれを附する。

（刑事事件における自白等）
第三十八条　何人も、自己に不利益な供述を強要されない。
2　拷問、脅迫その他の強制による自白又は不当に長く抑留され、若しくは拘禁された後の自白は、証拠とすることができない。
3　何人も、自己に不利益な唯一の証拠が本人の自白である場合には、有罪とされない。

（遡及処罰等の禁止）
第三十九条　何人も、実行の時に違法ではなかった行為又は既に無罪とされた行為については、刑事上の責任を問われない。同一の犯罪については、重ねて刑事上の責任を問われない。

（刑事補償を求める権利）
第四十条　何人も、抑留され、又は拘禁された後、裁判の結果無罪となったときは、法律の定めるところにより、国にその補償を求めることができる。

第三十八条　何人も、自己に不利益な供述を強要されない。
②　強制、拷問若しくは脅迫による自白又は不当に長く抑留若しくは拘禁された後の自白は、これを証拠とすることができない。
③　何人も、自己に不利益な唯一の証拠が本人の自白である場合には、有罪とされ、又は刑罰を科せられない。

第三十九条　何人も、実行の時に適法であった行為又は既に無罪とされた行為については、刑事上の責任を問はれない。又、同一の犯罪について、重ねて刑事上の責任を問はれない。

第四十条　何人も、抑留又は拘禁された後、無罪の裁判を受けたときは、法律の定めるところにより、国にその補償を求めることができる。

第十章　改正

第百条　この憲法の改正は、衆議院又は参議院の議員の発議により、両議院のそれぞれの総議員の過半数の賛成で国会が議決し、国民に提案してその承認を得なければならない。この承認には、法律の定めるところにより行われる国民の投票において有効投票の過半数の賛成を必要とする。

2　憲法改正について前項の承認を経たときは、天皇は、直ちに憲法改正を公布する。

国防軍を持った後は、変えにくいようにまた2/3に戻すかもね。そんなことも自由にできるようになるのだろう㊥

これでは、実質上、憲法が法律と同じになってしまう。つまり憲法に拘束されるべき権力者たちが憲法から自由になりたい……という提案で、これは、立憲主義の否定、民主主義への反逆で「憲法破壊の試み」である㊫

第九章　改正

第九十六条　この憲法の改正は、各議院の総議員の三分の二以上の賛成で、国会が、これを発議し、国民に提案してその承認を経なければならない。この承認には、特別の国民投票又は国会の定める選挙の際行はれる投票において、その過半数の賛成を必要とする。

②　憲法改正について前項の承認を経たときは、天皇は、国民の名で、この憲法と一体を成すものとして、直ちにこれを公布する。

第Ⅱ部［対談編］

小林 節×伊藤 真

「自民憲法改正草案はなぜダメなのか」

小林 節氏

編集部　この本では、昨年、自民党が発表した「日本国憲法改正草案」の内容を検証していきたいと思っているわけですが、その前に、まずは今回の改正案が出てきた背景について、お二人に少し、お話していただきたいと思います。小林先生は、自民党の憲法の勉強会に呼ばれたりした経験もおありですので、そこで感じたことなどもお話いただければと思います。

自民党憲法改正草案提出までの背景

小林　では、私から。

自民党はそもそも、憲法改正のためにつくられた政党です。１９５５年に保守合同

＊巻末の自民党日本国憲法改正草案を参照しながら、お読みください。

を行なったとき、独立を回復したのだからアメリカの屈辱から解放されて自主憲法を制定しようという目的を掲げたわけです。

しかも、その中心的イデオローグが岸信介元首相で、その孫がいまの安倍晋三首相。1960年の安保改定のときに、デモ隊に囲まれた首相官邸で、退陣を決意していた岸首相のひざの上に座っていたという安倍首相は、憲法改正を自分の歴史的使命だと思いつめています。

自民党は非常にふざけた政党で、改憲を党是としながら、歴代内閣発足のたびに記者に問われると「私の内閣では改憲を政治日程にはのせません」と繰り返してきたわけです。良くも悪くも、憲法問題をそうやって軽んじてきた。そのことによって、憲法論議のレベルが低くなってしまったのだと思います。

その点、安倍さんは、三世議員の強みで、思ったとおりに行動する人ですから、前回の政権で改憲の手続き法案をつくり——まあ、状況も見ないで走りすぎて倒れてしまいましたが——、今回、満を持しての二度目の登場で、今度こそは憲法改正を、と勢い込んでいるわけです。彼にとってはきわめて自然なことですよ。

自民党には、もともと改憲マニアがいて、他のどの政党よりも、憲法改正に関する議論と情報の蓄積がありますから、簡単に改憲草案を出すことができたということでしょう。

編集部　小林先生は自民党の憲法の勉強会などにも呼ばれているんですよね？

小林　はい。すでに忘れている方が多いと思うんですけど、自民党が憲法改正案をまとまった形で出すのは二度目なんですね。２００５年に舛添要一さんなどが中心になって「新憲法草案」というのを発表しています。このときの作成過程で開かれた勉強会には、いろんな形で呼ばれました。このときの草案の文章作成にかかわったうちの何人かとは個人的に親しい。勉強仲間です。今回も一回呼ばれましたが、最近は自民党からお呼びがかかることは滅多にないですね。

今回の草案の条文のなかには、05年のものよりはましになった部分もありますが、それは前の自民党政権末期のころに、伊藤先生と一緒に憲法調査特別委員会に参考人として呼ばれて、「憲法とは何ぞや」という議論を果敢にやったおかげかもしれません。

私は自民党の改憲志向の人びとを「憲法マニア」とか、「憲法マフィア」とか呼んでいるのですが、この委員会での議論をきっかけに、憲法マニアの中山太郎さん、保岡興治さん、船田元さんといった国会議員のみなさんと一緒に、いろんなシンポジウムで伊藤先生ともども積極的に議論することができました。

中山さんは非常に素直でしたね。医者出身で、おかしな知識がないことが逆によかったんだと思います。また、保岡さんと船田さんは、今回の草案の前ですけど、われわれの主張について「理解できた」と言ってくれましたよ。

そういった議論を通じて、自民党の憲法マニアのなかに、憲法の本質についての理解が広がってきた、少なくとも、憲法を使って国民をしつけるんだというような考え方には揺れが生じてきているのは確かだと思います。ですので、語りかけていくことはムダではないと思いますね。

編集部　いくらかはマシになったんですかね？

小林　もちろん、憲法論議は党内で集団で進めているものです。一人の人が書くわけではないので、すぐに改善するわけではありません。不思議なもので、民法とか刑法の改正だと専門家でない人は怖くて手が出ないけど、憲法論議というと、ド素人でも平気で参加できちゃうんですよ。自民党の政治家たちはみんな、政治家であるというだけの理由で遠慮せずに議論に参加してくる。でも憲法が何かってことがわかっていない人がいまだに半分ぐらいはいると思う。

ですから、伊藤先生や私のような知識レベルの人から見ると、○か×かと言えば×になってしまうと思うんですけど、私は、議論を封殺しないためにも、議論はしたほうがいいと思っています。彼らの改憲案がダメなら、公開の論争で討ち取ればいいんです。

伝統的な護憲派みたいに、「狼が来るぞ」と言って改憲論議そのものを始めさせないのは、ぼくは正しくないと思うんですよ。それではいつまでたっても国民の憲法理解のレベルが上がらない。やっぱり主権者国民は憲法に対する理解を深めなければいけない。

そういう意味では、今回の草案は「憲法によって愛国の義務を課す」と書いていた05年の草案よりずっとましだと思います。05年のときは「新憲法草案」なんて言っていたけれど、今回は「憲法改正草案」と、ちょっと謙虚になったしね(笑)。

もちろん、憲法というものをまだわかっていない部分がいっぱいある。「家族は仲良くしなさい」といった道徳に踏み込んだりとか、改憲手続きのハードルを下げたりとか。そんなことしたら、憲法が憲法ではなくなってしまいますからね。そういう根本的な理解がまだまだ足りません。

編集部 わかりました。伊藤先生は今回の改憲案が出てきた背景をどう見ていらっしゃいますか?

伊藤 さきほど小林先生がおっしゃったとおり、そもそも自民党とは、自主憲法制定を党是とした政党ですから、改憲を主張するのは当然なんだろうなとは思います。ただ、気になるのはやっぱり、世襲議員の多さですよね。国民が主権者で主人公だという認識よりは、代々、政治家を家業としてきた自分たちがこの国を作り上げていくのだから、国民は黙ってついて来い、という匂いがぷんぷんするんですよね。

伊藤 真氏

自民党のみなさんも、けっして、この国をだめにしようとか、悪い国にしようと思っているわけではないと思います。ただ、自分たちが考えるところのいい国を作りたい、それに対して邪魔になる者は排除するんだ、国民をそれに従わせるんだ、という感じがすごくするんですね。民主主義というより、エリート支配。ところが、実はエリートでもなんでもない人たちが、自分たちがエリートだと思い込んで、自分たちがうまくやるから黙っていろと言っている。そんな感じがします。

しかし今回、この改憲草案が出てきたことは、私は本当によかったと思っています。その点は小林先生とまったく同じで、これが出てこなかったら、たぶん多くの国民はいまだに、国会での改憲発議に衆参両院議員の3分の2以上の賛成が必要という、憲法九十六条の改正の手続きなんかご存じなかったでしょう。

そもそも「立憲主義」ということば自体が、議論に上ることがなかったでしょうね。新聞紙面で立憲主義ということばが見出しになることができただけでも、私はすごいことだと思います。この改正草案のおかげですよ。

国民が関心をもつきっかけを作り、議論のたたき台を提示してくれたわけで、非常にありがたいことです。そこから、国民のみなさんが、いちばんいい選択肢はなんなのか、仮に改憲するのであればどんな形がいいのか、ということを真剣に考えることができます。「今の憲法のままでいい」という場合も、ではなぜ、それでいいのかということを真剣に考えなくてはいけなくなるわけです。そういう考えるきっかけを作ってくれたという意味でプラスだと思っています。

まあ、この草案自体は「ツッコミどころ満載」だから、私にとってみればとても検討のしがいがある対象ですけれど。

立憲主義が問われている

編集部　ところで、民主党政権が発足する前後にも、小林先生と伊藤先生はウェブマガジン『マガジン9』で対談されていますが、その際、民主党のマニフェストの憲法に関する部分について、お二人とも「非常にパーフェクトに近い、いいものだ」とおっしゃっていましたよね。

小林　あれは衆院議員の枝野幸男さんが入れた部分ですよね。要するに、現行憲法はよい憲法だという前提で、それを改善していくのだという話。それから立憲主義を確認していた。

伊藤　立憲主義の定義がきちんと書かれていましたね。

小林　そうですね。あと、「国民主権」「基本的人権の尊重」「平和主義」の3大原則を守って、足らざるところあれば改めるという立場でした。そして、自由闊達な憲法論議をしようと。

ごく短いものではありますが、確かにパーフェクトな内容だと思いましたね。枝野さんは弁護士で、しかも聡明な人です。ぼくは個人的にもかなり親しい感じをもって

国民の自由闊達な憲法論議を

「憲法とは公権力の行使を制限するために主権者が定める根本規範である」というのが近代立憲主義における憲法の定義です。決して一時の内閣が、その目指すべき社会像や自らの重視する伝統・価値をうたったり、国民に道徳や義務を課したりするための規範ではありません。民主党は、「国民主権」「基本的人権の尊重」「平和主義」という現行憲法の原理は国民の確信によりしっかりと支えられていると考えており、これらを大切にしながら、真に立憲主義を確立し「憲法は国民とともにある」という観点から、現行憲法に足らざる点があれば補い、改めるべき点があれば改めることを国民の皆さんに責任を持って提案していきます。民主党は2005年秋にまとめた「憲法提言」をもとに、今後も国民の皆さんとの自由闊達《かったつ》な憲法論議を行い、国民の多くの皆さんが改正を求め、かつ、国会内の広範かつ円満な合意形成ができる事項があるかどうか、慎重かつ積極的に検討していきます。

『民主党政策集ＩＮＤＥＸ２００９』

います。伊藤先生も、勉強会でご一緒していますよね。

伊藤　そうですね。

小林　憲法の意味を本当に理解している人がコンパクトに書き込んだものです。これは異論がありませんよ。

伊藤　私もパーフェクトだと思いますね。とくに、「決して一時の内閣が、その目指すべき社会像や自らの重視する伝統・価値をうたったり、国民に道徳や義務を課したりするための規範ではありません」というくだり。道徳なんか憲法に盛り込むものじゃない、ということをちゃんと言ってくれていますし。

編集部　ほんとうは憲法論議のベースにこうした理解があって、そのうえで、では九条はどうするか、という話になるべきだと思うのですが。

小林　そうなんです。ただ、残念ながら民主党は、政権を取ったら憲法論議を放棄してしまいました。枝野さんも、「今は政治の季節であって憲法の季節ではない」なんて、妙なことを言っていた。要するに権力闘争に忙しいということでしょう。民主党政権時に憲法論議が一歩も進まなかったのは惜しいことです。

民主党がきちんとした土台を作っておけば、政権が自民党に戻っても、アナクロニズムの憲法論議は復活できなかったはずなのです。国民の常識のなかに、きちんとした憲法感覚を植えつけておけばね。

編集部　先ほど、自民党の中でも立憲主義を理解し始めている議員の方は増えているというお話がありました。だけど、どうも今回の草案にそれが活かされている感じがしません。憲法や立憲主義について勉強してきた議員の方は、今回の草案作りには参加できなかったということなのでしょうか。

小林　そうですね。この草案が書かれた２０１２年は、自民党は野党でした。先ほど名前をあげた中山太郎さんももう引退していたし、保岡興治さんと船田元さんは落選中で、選挙区にいて、議論にあまり関わりようがなかった。ご存知の通り、政党、とくに政権政党は、議員バッジをつけてないと会議にも出にくい雰囲気がありますか

憲法改正推進本部 起草委員会

平成23年12月22日

委員長	中谷　元	
顧　問	保利耕輔	
	小坂憲次	
幹　事	川口順子	
	中川雅治	
	西田昌司	
委　員	井上　治	石破　茂
	木村太郎	近藤三津枝(兼務)
	柴山昌彦	田村憲久
	棚橋泰文	中川　秀
	野田 毅	平沢勝栄
	古屋圭司	有村治子
	礒崎陽輔(兼務)	衛藤晟一
	大家敏志	片山さつき
	佐藤正久	中曽根弘文
	藤川政人	古川俊治
	丸山和也	山谷えり子
	若林健太	
事務局長	礒崎陽輔	
事務局次長	近藤三津枝	

らね。

伊藤　この起草委員会のメンバーの中にはそのお三方は入っていませんね。今回の起草委員会のなかで委員長としてとりまとめをしたのは中谷元さんですね。

小林　自衛隊出身の中谷さんね。この人と昔、日本商工会議所で議論したけれど、意見が違うと、ムッとしてにらんで黙ってしまうんですよ。

伊藤　ははは（笑）。

小林　それじゃあ、あとは「表に出ろ」しかなくなっちゃいますよ。

理解しようとしない。で、不快感を全身にみなぎらせる。だからといってそれ以上言い返す力も持っていない。そういう人が中心でとりまとめた。ちゃんと憲法を理解して小うるさい保岡さんとか、船田さんがいないところで作ったから、そうなるんでしょうね。

編集部　起草委員会のなかに片山さつきさんの名前もありますが、片山さんのツイッターでの発言が話題になりました。

「国民が権利は天から付与される、義務は果たさなくていいと思ってしまうような天賦人権論をとるのは止めよう、というのが私たちの基本的考え方です。国があなたに何をしてくれるか、ではなくて国を維持するには自分に何ができるか、をみなが考えるような前文にしました！」というものです。

小林　おそろしいですね。

伊藤　私は片山さつきさんと青年会議所のシンポジウムで対談したことがあります。そのときに彼女が、財務省にいたころも憲法について考えがあったようですけど、公務員だから何も言えなかった、ところが政治家になって、しかも起草委員会に入ることができて、自分が思うような憲法が作れてうれしくてしかたがないといった様子でした。

小林　おっかないなあ！

伊藤　憲法を与えられて、自分の思い通りの国づくりができるということに高揚しているんですね。

小林　ほんとうにおそろしいね。とんでもない勘違いだよ。彼女は東京大学法学部を出て、上級職試験受かって、エリート財務官僚から政治家に転身した人です。だから自信満々なんですね。きっと。

伊藤　そう、自信満々でした。

小林　自分が間違っているということを気づかされる機会がない。やはり戦後日本の憲法教育がまずかったんじゃないですか。

伊藤　あと、この草案は自民党が野党時代につくったものなので、自民党の本音が満載ですね。ぜんぜん遠慮していない。だから、この政党は本来こういうことをめざしてたんだなということがよくわかる内容になっています。

政権党だと合意形成を考えなくてはいけないから表現に遠慮するものですが、野党時代ということで、むしろ自民党色を前面に出して、支持者の求心力を高めようとしたという意味合いも感じます。

だから決して、実際にこういう憲法が実現すると思っているわけではないんですね。妥協するところは妥協しつつ、落としどころはやっぱり9条とか、96条の改正なのでしょうね。そのために大きくふっかけたという感じがしています。

編集部　この草案が発表されたのは安倍さんが自民党総裁になる前なんですよね。

伊藤　ええ、この改憲案が発表された12年4月は、総裁は谷垣禎一さんなんです。でも谷垣さんは積極的じゃなかったと思いますよ。彼は弁護士ですから、立憲主義をわかっている人です。総裁として「まあ、しょうがないか」と、下を向きながら提出したんじゃないですか（笑）。

編集部　以前、お二人の対談で小林先生が、「彼ら（自民党内の改憲派）には、無教養の自由があるので恐ろしい」っていう話をされていましたね。

小林　お！　いいこと言ったね（笑）。

伊藤　いいこと言いましたね（笑）。

小林　われわれは教養に縛られてるから、できることとできないことがある。

伊藤　そう。

小林　彼らは教養がないから、ほんとに自由なんですよ。

伊藤　あと、私たちには羞恥心がありますからね。

小林　恥を知っている。

伊藤　そう。恥を知っていますからね。

小林　でもこれ、天下国家に関わる問題ですからね。国民の末代までの幸福不幸に関わる問題ですから、われわれは命を懸けてでも闘わなくちゃいけないんですよ。

テレビ朝日の「朝まで生テレビ」という番組で、自民党の議員で憲法改正にご熱心な西田昌司さんとご一緒したことがあるんですけど、「主権は国民ではなくて歴史や伝統にあるんだ」なんて言うから唖然としました。

これ、論理的に破綻していますよ。確かに、とってつけた理屈よりも伝統のほうが重いというのも一つの意見ではあるけれど、実際にはその伝統も、歴史のなかで形作られてきたものでしょう。歴史のある時点までの合意としての伝統を単になぞるのか、それとも未来に向かって新しい価値や伝統を作ろうというのか、そうした選択、創造の営みも含めて「伝統」ですからね。

戦争に負ける前の日本だけを伝統であるかのように言いますよね。だけど負けたのも日本なんだから。そして、敗戦後に営々と作ってきた戦後日本も、日本の伝統の一部であるわけです。それを自分の趣味に合ったところだけを切り取って、「これがニッポンだ！」、「これは不動だ、誰も変えることはできないんだ」なんていうのはおかしな話ですよ。

伊藤　そうです。この憲法の下で経済大国になったことも日本の歴史の一部ですからね。

憲法九十六条の改正はなにが大問題なのか

編集部　そのとおりだと思います。ところで、安倍政権は、高い支持率を背景に「参院選では九十六条改正の是非を問う」と明言したこともありました（改正法案では第百条）。現行憲法九十六条で衆参両院のすべての議員の3分の2とされている改憲発議要件を「過半数」に緩和しようというわけですが、この状況をどうご覧になっていますか。

第百条 この憲法の改正は、衆議院又は参議院の議員の発議により、両議院のそれぞれの総議員の過半数の賛成で国会が議決し、国民に提案してその承認を得なければならない。この承認には、法律の定めるところにより行われる国民の投票において有効投票の過半数の賛成を必要とする。
2 憲法改正について前項の承認を経たときは、天皇は、直ちに憲法改正を公布する。

小林 政治家はやっぱり政治家ですから、状況次第でくるくる変わると思いますよ。彼らが第一に考えることは、まずは自分の議席を守ることです。そのための得票や政治献金につながること。そのうえで初めて、権力者の立場だからこそ追求できる「趣味」があるわけです。憲法マニアって、そういうことだと思うんですね。だから、状況が許さなければ憲法問題なんてすぐ引っ込めると思います。

ところが今、衆議院では自民党と公明党を3分の2を超えている。参院選でも、自民、公明、維新で3分の2を確保できると計算していることでしょう。そうなると、いま大事なことは、政策内容で一致することよりも、いかにして「維新の会」とくっつくか。これはつまり票読みの論理です。

一方、維新の会の橋下さんは九条改憲にそんなに興味がない。彼が実現したいのはむしろ道州制などでしょう。しかし彼は非常に機敏で、ポピュリストですから、いかに多数派に近づくかという政治戦略的な視点から、議論の分かれる九条ではなくて、手続き論の九十六条を持ち出してみせて、自民党や民主党の一部とも連携しようとしているわけです。安倍さんとの個人的な親しさもありますしね。

そうすると、自民党の中にも、九十六条が邪魔だという議論が伝統的にありますから、渡りに船でこれに乗っかる。これは野合に近い、数合わせの論理です。結局、九条や両院制をいじるよりも抵抗が少ないと思っているんでしょう。だけど、われわれ憲法学者にしてみれば、九十六条をいじるということは、憲法が憲法でなくなっちゃうんだから、大変なことなんです。日本全体の憲法認識レベルの低さと、政治家のごうまんさにあきれるほかありません。

伊藤　今度の参院選でも、自民やみんなの党などの改憲勢力が勝つ可能性が高いですよね。維新は最近微妙ですが、自民と他党の改憲派議員で3分の2をとる。そうなったら、自分たちが多数派をとって何でもできるように、まずは九十六条のハードルを下げようという話でしょう。

ハードルさえ下げてしまえば、あとはこっちのものだ、憲法を「国民が国を縛る道具」ではなく、「国が国民を縛る道具」にしてしまえということです。自民党の改憲草案を貫いているのは、結局そうした考え方です。

小林　「憲法の法律化」ですよね。

伊藤　そうですよね。国家を縛るための最高法規である憲法を、国民の自由を制限して社会の秩序を維持する刑法や民法のような一般の法律と同格にしてしまう。国民を縛る規範にしてしまうわけですからね。

ちょっと話はずれますけど、そもそも「六法」という日本語が間違いだと思うんです。憲法と民法や刑法は同列じゃないんだから。

小林　ほんとだ！

伊藤　どうしても六法と言うなら、憲法ではなくて行政法を入れて、刑法と同列に六法にして、それと別に憲法があるべき。「1＋6」にしなきゃいけない。

小林　ああ、そうだ。憲法の真下にある下位法が行政法だ。民法と並ぶべきは、行政法だ。
伊藤　そうなんですよ。憲法は別格として、行政法から始まって民法、刑法、商法、刑事訴訟法、民事訴訟法を並べて「六法」とすべきなんです。だからぼく、六法全書って嫌いなんですよ（笑）。六法という言葉は明治時代に法学者の箕作麟祥《みつくりりんしょう》が作ったらしいんですけどね。
小林　「憲法＋五法全書」にすりゃよかったのに。
伊藤　そうです（笑）。
小林　明治時代、憲法は現人神の天皇が、背後霊のような皇祖皇宗の意思として臣民に下賜したわけでしょう。神々しく恭しく押し頂くべきだったんですよ。「神の法・憲法と、その他五法」というふうにね。
伊藤　ほんとうですよね（笑）。そうすれば、戦後も神を民に変えて、最高位の法として位置づけておくことができたのに。
　まあ、いまの自民党も、九十六条の改正を通じて、憲法を行政法の一部にしたい、ということですよね。
小林　結局、日本では立憲主義はきちんと教えられて来なかったんですよ。立憲主義はイコール議会制民主主義のことだと思われている。あれ、トリックですよ！　立憲主義は、議会も含めた権力を憲法によって縛るものなんですから。だけど明治時代においては、これは天皇制と矛盾してしまうから、天皇のつくった憲法の下で、民衆の声も聞いてやるよ、という話にすりかえられてしまったわけです。戦後もその感覚が続いてしまった。

伊藤　その結果、日本では立憲主義の教育は皆無になってしまった。いわゆる護憲派と言われる人たちも、立憲主義なんてまったく理解してこなかったし、何も知らないでここまで来てしまった。

護憲派のみなさんが持ち上げる、『あたらしい憲法のはなし』という小冊子があるでしょう？　日本国憲法が公布された際に、文部省が教科書として配布したものです。あの本の始まり方をご存知ですか。

「みなさん、あたらしい憲法ができました。そうして昭和22年5月3日から、私たち日本国民は、この憲法を守ってゆくことになりました」

小林　国民が憲法を守ることになっている!?

伊藤　で、最後に「これからさき、この憲法を守って、日本の国がさかえるようにしてゆこうではありませんか」で終わるんです。

護憲派のみなさんは、この本をテキストにして勉強会をしたりしていますけど、こ

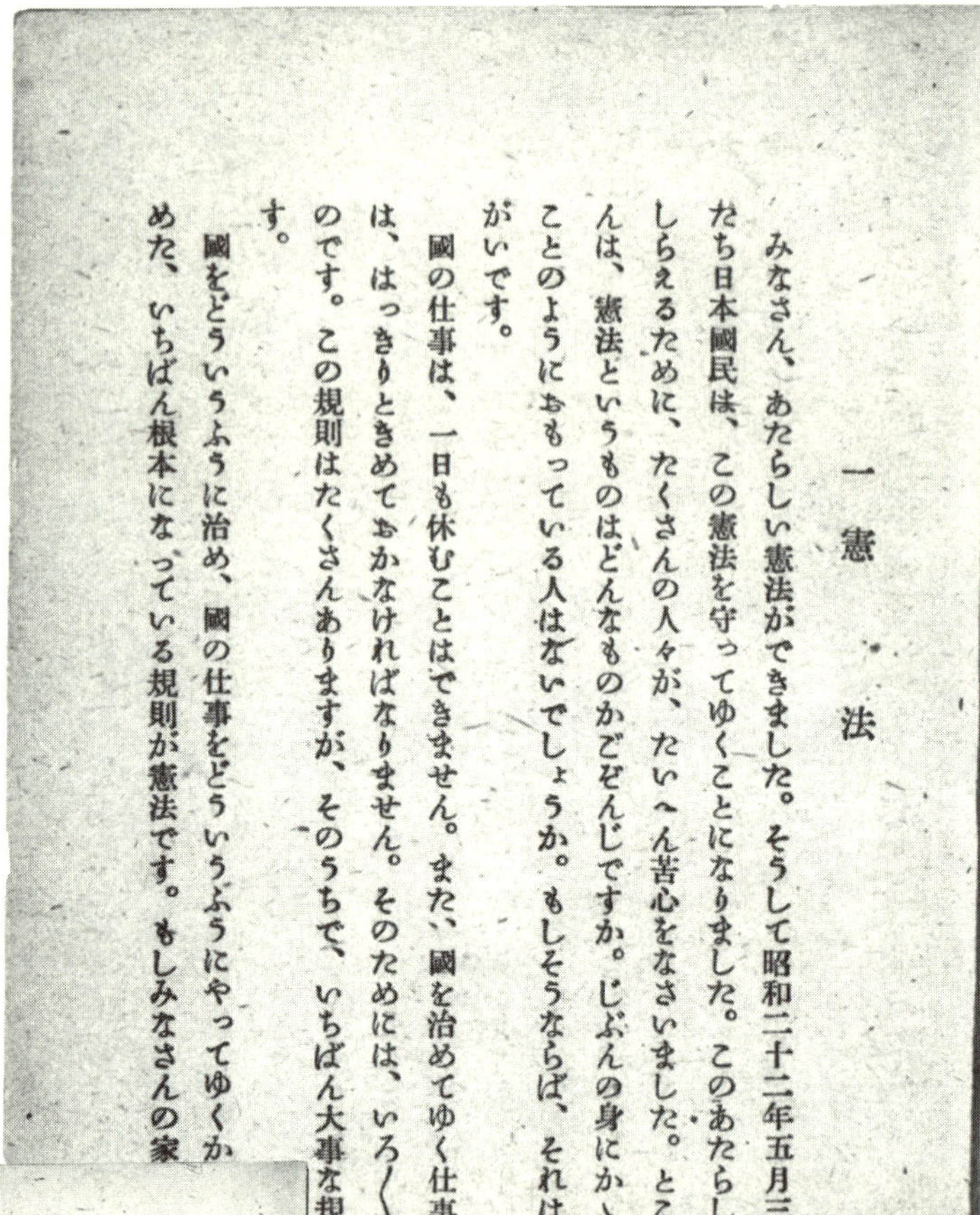

一　憲法

みなさん、あたらしい憲法ができました。そうして昭和二十二年五月三日から、私たち日本國民は、この憲法を守ってゆくことになりました。このあたらしい憲法をこしらえるために、たくさんの人々が、たいへん苦心をなさいました。ところでみなさんは、憲法というものはどんなものかごぞんじですか。じぶんの身にかゝわりのないことのようにおもっている人はないでしょうか。もしそうならば、それは大きなまちがいです。

國の仕事は、一日も休むことはできません。また、國を治めてゆく仕事のやりかたは、はっきりときめておかなければなりません。そのためには、いろ〱規則がいるのです。この規則はたくさんありますが、そのうちで、いちばん大事な規則が憲法です。

國をどういうふうに治め、國の仕事をどういうふうにやってゆくか
めた、いちばん根本になっている規則が憲法です。もしみなさんの家

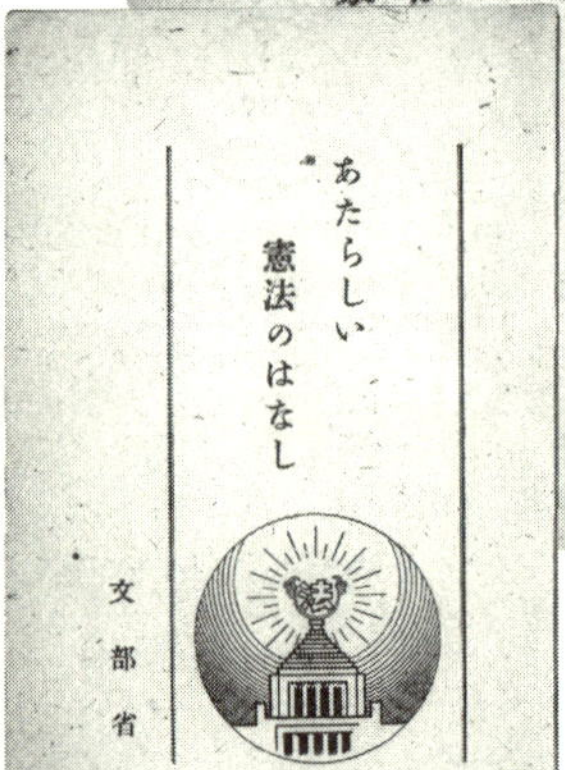

の本には立憲主義がまったく出てこないんです。「国民が憲法を守る」なんて話をしている。結局、戦後の出発時点から、この国では立憲主義の教育は皆無だったわけです。

編集部　憲法が行政法の一部のように扱われるということは、立憲主義のない国になってしまうということですよね。ちょっと近代国家ではありえないことではないでしょうか。

伊藤　そうでしょうね。ちょっと変わった国になる。

小林　いや、歴史的には、過渡期にはあったんではないかとは思うんですけどね。

編集部　そうなんですか？

伊藤　ああ、そうですね。ヨーロッパでも君主制を一気になくさないで、立憲君主国家という、あいまいな過程を経ました。民主主義と憲法と国王が、矛盾しないようにぼかすものです。

歴史は理論どおりいかないものですからね。理論どおりやろうとすれば、ギロチンで王様の首を切ったり、軍事クーデターを起こしたりして、過去を武力で清算することになってしまう。これはこれで別の種類の愚かさですからね。

そうした流血を避けるために、たとえばイギリスでは、貴族院と庶民院の二院制を作ったうえで、庶民院が少しずつ貴族院から権限を奪っていくというプロセスを踏みました。

小林　日本でも、明治憲法を作った伊藤博文は賢かったから、当時、王制と議会制が両立するプロシア型の制度を選びました。

伊藤　「一応、立憲君主制の形はとった」ということなんでしょう。見掛け倒しの立憲主義ということですね。いわゆる「外見的立憲主義」。まあ、伊藤博文も、「憲法制定の精神は、第一に君権の制限にあり、第二に市民の権利を保護するにあり」ということは言っていたから、一応、立憲主義を理解していたのかもしれませんが。

そのように、歴史的には過渡的に「王様がいるけど、国民の意見も議会制で聞いてやるよ」という立憲君主主義がありました。だけど、現代になっても立憲主義を理解せず、そこから先に進まない知識構造では問題ですよね。

そういう意味では、九十六条の改憲は、歴史を前に進めるのか、後ろに引き戻すのかという問題なんですね。

小林　そう。単なる手続き論と思われているけど、全然違うんです。

編集部　なるほど。でも、なぜ「3分の2」を「過半数」に変えることが大変な問題なのでしょうか。たいして変わらないじゃないかと素人は思ってしまうんですが。

小林　一般の法案が国会で成立する要件は、過半数でしょ。そして、過半数と言っても、国会本会議で必要な定足数は総議員の3分の1。だから最悪の場合、6分の1の賛成で成立する。まあ、重要な法案は賛成側も反対側も総力戦でぶつかるから、ちゃんと過半数になるけどね。

九十六条を変えるということは、憲法改正案の成立要件をこうした一般の法律と、ほとんど変わらないものにしてしまうことです。もちろん、一般の法律と違って、国会での手続きの後で国民投票が行なわれるわけですが、国会で改憲案の発議が成立するということの重みは大きいですよ。だって、議員は選挙で選ばれた民主的適性を備えているし、国会は必要な情報がそろい、必要な歳費が提供されるなかで、議員たちが審議に集中することが制度的に保障されているわけです。実際はともかく、建前としては非常にクオリティーの高い審議がなされているはずだし、そのように期待されている。その国会審議で成立するということは、大変な重みをもつわけでしょう。

だから、発議要件を「過半数」にしてしまったら、実質的には一般の法と変わらなくなってしまうんですよ。

だけどね、政治の歴史をみれば分かることだけど、国会の多数決なんて、空気とか、もののはずみで、時代状況によってどうにでもなるのです。もちろん、だからこそ議会というのは、そのときの状況の中でアクセルとブレーキの役割を果たすことができる制度であるわけだけど。

ただ、国の根本に関わることとか、国民全体の人格に関わることについては、そうかんたんに変えられては困るのです。一時の興奮で、多数決で決めてしまうことがないようにする必要がある。「3分の2」というハードルは、日本だけのものでなく、諸国の政治の知恵として標準的なものなのであって、よほどのことがない限りは、変えてはいけない。

歴史的な曲がり角に、国民が、いわばほんとうの意味で深く考えて作ったものが憲法であるということになっているわけです。だから、そうかんたんにクルクルと、相対的多数だからといって変えられないようにしてあるのです。

なぜ一般の法律より改正を難しくしているか。政治家と国民の関係は、権力を持つ者と持たない者の関係です。もちろん主権は国民にありますけど、実際問題として、政治家のほうが権力を持っている。で、人間というものは不完全なものだから、大きな力を与えられると濫用するおそれがある。これは歴史のなかからつかみとられた経験則です。こういうことを言うと、「そんなの古い」という人がいますけど、これは古い新しいの問題じゃなくて、真理なんです。

だから権力者の一時的な興奮や、あるいは私利私欲から基本方針を変えられないように、憲法については「3分の2」なんですね。例外的な改正しかありえないように意識的にしくんであるんです。それをはずしてしまったら、権力をもたない国民大衆から権力を預かっている特権階級が、ひとり歩きすることになる。権力を自分のものにしちゃう。

伊藤　「人間とは弱いものなんだ、権力は濫用されるものなんだ」ということ。それは時代を超えて、民族を超えて、およそ人間というものがもっている不完全性であって、真理なんですよね。だから、人間がサイボーグにでもなって、絶対に間違いを犯しませんということになったら話は別かもしれないけど、弱いもの、間違いを犯すものというのが人間の定義だというくらいに、私は思っています。

小林　それを自民党の御用学者は「ああ、そういう憲法観、もう古いです」って言っちゃうからね。

伊藤　「自分たちは完璧です」というわけですかね。さっきの片山さんの話じゃないですけど、自分にも弱さがあるし、間違いも犯すっていう発想がまったくない。そこの根本から論議の出発点が違う。

96条について小林先生の話に加えて言えば、過半数の賛成で発議が成立するなら、国会議員のみなさんが強行採決でダーッと成立させてしまうという可能性もあるわけです。まさに職権濫用ですね。だけど、3分の2であれば、冷静に、反対する野党も説得して合意を形成するところまで討論しなくてはいけなくなります。

さらに言えば、ときどき、「憲法なんだから、主権者国民による国民投票だけでいいじゃないか」という人がいます。これも違うんですね。政治家が間違いを犯すように、当然、私たち主権者も弱い人間だし、ムードに流されたり、情報操作に惑わされたりして、間違いを犯す可能性があります。やっぱり勢いだけで進むと危険。たとえば、多数派の意に沿う改憲が、少数派の弾圧につながることだってありうる。

だから、その歯止めの意味でも、国民投票の前に、国会議員の3分の2で合意形成することが大事なんですね。これは国民自身の自己抑制、謙虚さを保障する仕組みでもある。政治家だけをけん制しているわけではないんです。

自民党憲法改正草案の各条文への検討

編集部　なるほど。それではここから、自民党憲法改正草案の各条文について検討していただければと思います。

① 前文について

伊藤　では前文からいきましょう。

自民党の改憲草案も、前文は一応、今の憲法の三原則である「国民主権」「基本的人権の尊重」「平和主義」に触れています。現行憲法のこの三つの原則を大切にしようという基本を崩そうとはしていない、ということは評価できますね。

ただやはり、おかしな点が多い。まず、「日本国は」という始まり方が変ですね。現行憲法では「日本国民は」です。そしてそれに続く「長い歴史と固有の文化を持ち、国民統合の象徴である天皇を戴く国家であって」という一文。「日本国は」という主語と、天皇を「戴《いただ》く」という表現。あわせて、国民主権を後退させる内容になっています。そもそも、国のあり方を歴史と文化によって裏づける内容は、憲法に必要なものではないと私は思います。

2段でも「我が国は」と始まる一種の自慢話をして、ようやく3段で「日本国民」が主語として登場します。しかし、そこに盛り込まれているのは「国と郷土」を「誇りと気概を持って自ら守り」という内容で、さらに「基本的人権を尊重するとともに」と続くんですね。人権を尊重する主体は国民なんですか？　そうではないでしょう。

（前文）

日本国は、長い歴史と固有の文化を持ち、国民統合の象徴である天皇を戴く国家であって、国民主権の下、立法、行政及び司法の三権分立に基づいて統治される。

我が国は、先の大戦による荒廃や幾多の大災害を乗り越えて発展し、今や国際社会において重要な地位を占めており、平和主義の下、諸外国との友好関係を増進し、世界の平和と繁栄に貢献する。

日本国民は、国と郷土を誇りと気概を持って自ら守り、基本的人権を尊重するとともに、和を尊び、家族や社会全体が互いに助け合って国家を形成する。

我々は、自由と規律を重んじ、美しい国土と自然環境を守りつつ、教育や科学技術を振興し、活力ある経済活動を通じて国を成長させる。

日本国民は、良き伝統と我々の国家を末永く子孫に継承するため、ここに、この憲法を制定する。

人権は、一義的には、国民が国家に対して主張するものです。だから、人権を尊重するのは国のはずです。

さらに「和を尊び、家族や社会全体が互いに助け合って国家を形成する」。道徳、倫理によって国家を形成するのだと言っています。本来憲法に入れるべきではない内容です。

そして、4段では、「われわれは自由と規律を重んじ、美しい国土と自然環境を守りつつ、教育や科学技術を振興し、活力ある経済活動を通じて国を成長させる」。先ほどの片山さつきさんの言葉を借りれば、まさに「われわれが国のために何ができるか」を最優先にする内容と言えますね。

そして最後に「日本国民が良き伝統と、われわれの国家を末永く子孫に継承するため、ここに、この憲法を制定する」。憲法制定の目的が、伝統や国家の継承になっている。私は、憲法の目的は、一人一人が個人として尊重されて、自由がきちんと保障されることであり、そのために権力を縛るのが憲法だと思っていますから、非常に違和感を覚えます。

まあ総じて言えば、この前文では、国が前面に出てきていて、憲法の意味が、個人の人権を守るために国家を縛るものから、為政者が「こういう国にしたいから国民は協力してほしい」というものになってしまう。しかもその内容が、「和を尊ぶ」とか、「家族を助け合う」とか、「天皇を戴く」といった、憲法に盛り込む必要がないものでしょう。やはり立憲主義の発想がまったく見受けられないと評価せざるを得ません。部分部分の要素で見れば、まあ、もっともかな、というところもあるんですが、根本の考え方が違う。

小林先生はどうお感じになりましたか。

小林　伊藤先生のおっしゃったことでまったく異論ありませんね。ただ議論の入り口で私がそれを言ってしまったら身も蓋もないでしょう?

伊藤　対談にならなくなる（笑）。

小林　いや、そうじゃなくて、私は自民党の人びとも含めて憲法論議を始めたいですからね。入り口で0点をつけてしまうと、相手は反発するか、逃げるかしかないでしょう。

伊藤　なるほど、そうですね。

小林　前文ですからね、基本方針として「国民主権」「平和主義」「基本的人権の尊重」がきちんと掲げられていると。あとは趣味的なことがいろいろ書いてありますが、そこから特別に権利義務が生じるものでもないですから。まあ、悪趣味も趣味のうちですから。

伊藤　（笑）優しいな、先生は。

小林　悪趣味ではあるけれども、あなたの趣味であることは分かりますので、叩き台としてはいいんじゃないですか、と。これを認めないと相手は乗ってこないもの（笑）。

伊藤　そういえば先生、２００５年の自民党の「新憲法草案」の前文では「日本国民は、帰属する国や社会を愛情と責任感と気概をもって自ら支え守る責務を共有し」となっていましたね。

小林　あれはダメですよ。よけいな権利義務が入ってますからね。ダメ！　全部アウト！

伊藤　そうですよね、責務が入っちゃう。しかも「愛情」、国を守る愛情。

小林　それは愛国心条項だからダメだと言って、僕は当時、徹底的に闘いました。

伊藤　小林先生の批判を受けて、さすがに自民党の方々も学習したのでしょうね。その部分に関しては。だから今回は、「愛情を持つ義務」だとか、国を「自ら支える責務」といった露骨な愛国心の表現ははずしている。「国と郷土を誇りと気概を持って自ら守り」という程度にトーンダウンさせたんでしょうね。

小林　ただ、これを叩き台として考えるとき、私もさすがに気になるのは、「国」と「国民」の位置関係が逆になってしまっていることです。完全に国が主体になっている。これは、自民党案をめぐる議論が始まったら、言わせていただきたいですね。ただ、最初から議論を封じることはありません。

伊藤　前文に関連して、立憲主義を正面から否定する条文が本文にあります。

102条の「憲法尊重擁護義務」。1項で「全て国民は、この憲法を尊重しなくてはならない」としています。さらに2項で「国会議員、国務大臣、裁判官その他の公務員は、この憲法を擁護する義務を負う」としています。

現行憲法ではこれに対応するのは99条で、「天皇又は摂政及び国務大臣、国会議員、裁判官その他の公務員は、この憲法を尊重し擁護する義務を負ふ」という内容です。あえて「国民」を入れないところに立憲主義の憲法としての意味があると私は意味があると思っているんですね。

小林　うん。うん。

伊藤　国民は、「守らせる側」。国民は、政治家たちに命令する側。いまの憲法99条は国民に憲法を守れとは言ってない。国民が政治家たちに「お前らは憲法を守れ」と義務付けて命令する、それが憲法の本質だろうと思うのです。それが99条に示されている。ところがこの草案では、102条の1項で国民に憲法を守るように命じている。命じる方向がさかさまになっているんですね。立憲主義の本質を否定するものです。

小林　まったく同感ですね。自民党の勉強会に出てると、昔から「先生、なんで公務員だけが憲法を守んなきゃいけないの？　国民大衆も守らなきゃいけないはずですよね」と言われるんですよ。「いや、憲法というのは国民大衆が権力者たちを縛るためのもの、守らせるためのものだから、こういう書き方がしてあるんだ」と答えるんです。もうひとつの説明としては、「この憲法の作者は国民大衆なのだから、国民が憲法を守らないわけがない。当然のことだから書いてないんじゃないですか」とも言えるだろうと思っています。

伊藤　そうですね。

小林　この102条は、立憲主義を排除するものになっていますね。

伊藤　先生と一緒に、国会に参考人として呼ばれたとき、高市早苗さんが「憲法には制限規範だけではなく、授権規範としての意味もあるんじゃないですか」なんて言っていましたよね。「制限規範より、授権規範のほうが、最近は重要じゃないか」とか言うんですよね。「制限規範」の本質がやっぱり理解できてないんだなあと。

小林　「授権規範」というのは、「この権限については国が持つことを認める」というもので、裏を返せば「これ以上は認めない」ということですからね。

伊藤 そうです。「これしか授けない」ってことですからね。

小林 そう。そういう言葉の意味を理解しないままに、言葉をもてあそぶことで何かがつくれるかのような発想でしたね。

伊藤 いかにも「私は憲法を勉強してきました」という感じで、小林先生と私に向かって言っていましたね（笑）。

小林 神戸大学で経営学を勉強した人ですよ。あの自信はすごいですね。片山さつきさんと同じ。

伊藤 そうですねぇ。

小林 その点、中谷元さんはまだいいんだよ。「ぼくは勉強してないけど、この内容でやりたいんだよ。文句あるかよ、このやろう」って顔だもんね。で、口答えできなくなるとむすっとしていなくなるだけ。口答えしないから。高市早苗さんなんて、平気で口答えする。

伊藤 そう。食い下がるんですよね。

小林 まいるなあ……。

伊藤 １０２条に戻りますけど、その２項で「国会議員、国務大臣、裁判官、その他の公務員はこの憲法を擁護する義務を負う」とあるわけですが、私、初めてさらっと読んだときに「あれ？」と思ったんですね。何か変だなと思ってもう一度見てみると、擁護義務から「天皇又は摂政」がわざわざはずしてある。

小林　なんでだろう。

伊藤　あとで詳しく検証しますけど、先に言ってしまえば、この憲法改正案では天皇を元首として位置づけていますよね。

小林　ああ、そうか！「元首には訴追はなじまない」という論理と同じですね。「神格は法的規制になじまない」ということね。時代錯誤、アナクロニズムそのものだな。

伊藤　だから憲法を超越する存在としての天皇という位置づけなのでしょう。ただ、もうひとつ解釈がありうるんですよね。もしそうだったら自民党、すごいなあと思うんですが……「その他の公務員」というなかに天皇も入っているという解釈（笑）。まあ、冗談ですが。

編集部　元首だから憲法の上位にあるという発想なのですか。

伊藤　そういうことだと思いますよ。憲法で規制するなんて畏《おそ》れ多い。そういうことじゃないですか。だってわざわざはずすことないでしょう。今だって入ってるんだから。

小林　そう。昔、イギリスで言っていた「国王は悪をなしえず」ですよ。君主は責任を問われないという。

伊藤　「君主無答責」ですね。まさに明治憲法（大日本帝国憲法第三条）の「神聖にして犯すべからず」。

小林　うーん。いやあ、これは……。議論のしがいがありますねえ（笑）。

②第一章　天皇について

伊藤　天皇の話の話になったところで、前文に続いて第一章の天皇にいきましょうか。

第一条　天皇は、日本国の元首であり、日本国及び日本国民統合の象徴であって、その地位は、主権の存する日本国民の総意に基づく。

先ほども触れましたが、一言で言うと、天皇を元首とするという話です。私は、そうした位置づけを憲法に書き込む必要はないと思いますが、仮に元首という位置づけをするにしても、その権限をきちんと縛って、天皇の政治利用がなされないようにすることが、立憲主義における憲法の重要な役割だと思います。

とくに明治憲法下では、ひとつには天皇をうまいこと政治利用されてしまった、もうひとつには天皇の名の下に軍隊の暴走を許してしまったという二つの失敗がありました。それを踏まえて現行憲法では、一章で天皇の権力を縛り、二章で軍事力を縛っているわけですね。

だから今の憲法第四条では、「天皇は、この憲法の定める国事に関する行為のみを行ひ、国政に関する権能を有しない」と定めています。できるだけ天皇の権限を絞り込もうという発想です。

その視点から見ると、第六条5項は問題です。

現行憲法では、天皇の仕事として、国会の召集や法律の公布などの国事行為「のみ」を定め、それを「内閣の助言と承認」の下においています。しかし現実には、国体などの行事や式典に出席するなど、天皇は国事行為以外の「公的行為」も行なっています。天皇の権限を厳しく狭めた現行憲法にはこれについての規定がありません。

第六条5　第一項及び第二項に掲げるもののほか、天皇は、国又は地方自治体その他の公共団体が主催する式典への出席その他の公的な行為を行う。

公的行為をめぐっては、常に時の政権による政治利用が懸念されてきました。つい最近、安倍政権が開催した「主権回復の日」式典への天皇の出席も、「政治利用ではないか」という批判があったのは記憶に新しいところです。

この5項はその「公的行為」を憲法に明記したわけですが、そこには国事行為についていて定められているような、内閣によるコントロール、手続き的な関与が示されていません。これでは、国政に関する権能はないにしても「その他の公的な行為」の名の下に何でも自由にできることになってしまう。無限定に「公的行為」を広げていけば、天皇の政治利用につながるおそれがあります。これはどうしたものかな、と思います。

国事行為についても触れておくと、六条4項で、現行憲法の「内閣の助言と承認」を「内閣の進言」へと表現を変えています。「進言」とは目下の者が目上に意見を言うことですから、国民主権の後退につながる危惧をおぼえますね。

小林　4項の「進言」については、形式上、元首になるから表現を変えたのかもしれません。具体的にどのような言葉を選ぶかについては、議論の中で決めていけばいい問題かと思います。

しかし、5項の「公的行為」への批判については、私もまったく同感です。天皇なんていうのは、歴史的文化的象徴なんだから、あまり日常生活に引っ張り出してありがたがるものではない。植樹祭だ、国体だ、日本赤十字の何周年記念だ、はたまた大学の何周年記念だと、いろんなところへ引っ張り出すけれども、天皇の公的行為などというものは、憲法に書いてないから、おおっぴらにではなく恐る恐る行なわれているのであって、どうどうと憲法に書いたら、どんどん利用しようとする人が増えて、天皇の多目的利用が始まってしまう。天皇制自体にとってもよくない。もっと密やかに文化的に存在させておくべきものです。ちょこまか使うべきではない。

編集部　この天皇条項には、元号とか、国旗・国歌とか、これまでなかった条項も加えられています。国旗の柄なんて細かい事柄を憲法に書き込んでいる国はほかにもあるんですか？

小林　いや、ないことはないでしょう。

伊藤　私は日の丸や君が代を憲法に明記して不変のものとして固定化する意味があるのかな、と疑問に思います。三条2項では、1項と相まって日の丸・君が代尊重義務を国民に課しています。これも賛成できませんね。

第三条2　日本国民は、国旗及び国歌を尊重しなければならない。

小林　私は国旗についてはとくに問題ではないと思います。日の丸が侵略戦争で使われたとしても、それは侵略が悪いのであって、旗のせいではない。だからこれはこれでよしとします。

だけど君が代は問題がおおいにあります。君が代の歌詞が天皇制を賛美するものだということは、昭和10年代に国定教科書にはっきり明記されているんですね。

それでは国民主権の憲法にはそぐわない。だからこそ、いまだに公立学校の式典で教員に歌うことを強要した場合に「歌わない」と不服従がおきたりする。

こういうことは、憲法に書けば解決するという問題ではないのです。99年に国旗国

「『君が代』の歌は『天皇陛下がお治めになるこの御代は、千年も万年も、いや、いつまでもいつまでも続いてお栄えになるやうに』といふ意味で、まことにめでたい歌であります」（1937年『尋常小学修身書　巻4』）

歌法を作ったのも、「慣習法だと争いになるから法制化すればいい」という理由だったけど、法制化しても争い（「日野『君が代』伴奏拒否訴訟」など）は起こっているじゃないですか。結局、君が代というのは歌詞に問題がありすぎるのです。まずそこから議論すべきで、憲法に書き込むのは時期尚早。

元号について言えば、これは、もとをただせば中国の皇帝の習慣です。皇帝はこの世の所有者であるから「時」も皇帝のものだという意味です。だから皇帝の気分が変わると、自分の所有物である「時」に新しい名前をつけたわけです。「どうも景気が悪いから変えてみよう」とかね。

その影響で、日本でも「時」の支配者である天皇が名前をつけてきたわけですが、国民主権の下で、そういう意味での元号制は認めることはできません。だけど、象徴天皇制が歴史的文化財として残るのであれば、そして天皇の代替わりを象徴するものとして元号を置くことで国民的合意があるのであれば、ぼくはそれでもいいと思います。

伊藤　私は、元号についても、わざわざ憲法に書く必要はないだろうと思います。すでに法律（元号法）もあるわけですから、それでいいんじゃないかと思いますけれどもね。

小林　なるほど。ただ、国の象徴の話ですから、憲法事項とすることも可能ではある。これは要するに議論の結果決めればいいことです。まあ、その程度の話です。

編集部　天皇を元首とすることについてはどうでしょうか。

伊藤　現行憲法には、天皇は「日本国の象徴であり日本国民統合の象徴」であるとしか書いてないわけです。自民党の『日本国憲法改正草案Q＆A』のQ４では、「天皇が元首であることは紛れもない事実」としていますが、憲法学説としては議論があり、天皇は元首であるという考え方は多数ではありません。憲法学の大家として有名な芦部信喜先生の『憲法』（岩波書店）では、「元首の要件で特に重要なものは、外国に対して国家を代表する権能であるが、天皇は外交関係では…形式的・儀礼的行為しか憲法上は認められていない。したがって伝統的な概念によれば、日本国の元首は内閣または内閣総理大臣ということになる」と書いていますね。

小林　私は、比較憲法学の常識から言って、天皇を元首と明記すること自体はかまわないと思います。どんな国も、国を象徴的に代表する顔が必要です。アメリカでは大統領、イギリスでは女王様と。自然人（特定の個人）が国を代表する必要があるなら、日本では天皇が文化的象徴、歴史的象徴ですから、天皇を元首にすれば争いが少なくてすみます。

日本が元首として天皇ではなく大統領を置く国になるとどうなりますか。大統領制にはアメリカのように行政府の首長として強い権力をもつものと、ほとんど引退した政治家が、議院内閣制の上に、それこそ「象徴」として大統領にすえられるものがあります。ドイツとかイタリアが後者ですよね。たとえば後者の場合、中曽根大統領なんていうのが誕生しますよ。ぼくはかえって

自民党の『日本国憲法改正草案 Q&A』。ホームページからダウンロードできる。

ぞっとするね。

現状のままでいいと思うんですが、元首として誰かを置かなくてはいけないのであれば、1回の選挙で何百億円もかけて選ばれるような大統領よりは、連綿と続いている天皇家を文化財として使ったほうが、コストも安いし、変な争いにならないからいいのではないかと思います。もちろんそれは、主権の存する国民の総意に基づく限りのことです。

ただし、皇位継承者が足りないから、かつての宮家を皇族に復帰させるべきだ、といった議論が昨今は盛んですが、国民主権の国において皇室というのは「法の下の平等」に反する特殊な身分制度ですから、必要以上に大きくしないほうがいいとは思います。

伊藤　確かに諸外国からは完全に元首として見られているんですよね。フランスなんかでは授業で「日本は立憲君主国だ」と教えていると聞きます。

私が怖いのは「元首になった」と憲法に明記することで、いわばお墨付きを与えるわけですよね。そうすると、それが一人歩きして、歯止めがかからない国事行為、公的行為もあいまって、「日本は天皇中心の国だ」という話を押し付け始める原因になったらイヤだなあということです。国民主権を弱めるために使われるということですね。

日の丸・君が代の問題でも、元首を敬う歌をうたわないのは「不敬罪」だ、といった雰囲気を作ることにつながるなら勘弁してほしいと思うのです。

だから、仮に元首だと憲法に明記するにしても、役割なり、権限なりを限定することで、それにきちんと歯止めをかけるのでなければなりません。

小林 それにはやはり、国民がその限界を賢く論じなくてはいけない。私はできると思いますよ。なぜかというと、戦後の天皇制は戦前の天皇制に比べれば、はるかにまともですよ。適度に尊厳性があって、適度に尊厳性がない。カジュアルじゃないですか。その蓄積があるから、元首になっても妙な方向に拡大させないですむと、私は思います。

伊藤 そうですね。限界を設けて拡大させないことが必要です。「この地位は、主権の存する日本国の総意に基づく」という一条の規定はそのためにあるのですから。責任はわたしたち日本国民にある。ボールはこっちに投げられているということですね。

私は昔、憲法の中に「天皇条項」なんか入れなくていいんじゃないか、憲法を改正するというなら、天皇条項をはずせばいいんじゃないかと思ってたんですね。お茶やお花と同様に、文化として残ればいいんだから、なにも憲法の中に入れる必要はないんじゃないかと思っていたのです。

小林　それ、かえって危ないんですよ。

伊藤　そうなんです。小林先生とお話しして気づかされたんですね。もし天皇がなくなったら、誰がこの国を代表するんだと。大統領制になれば、たとえば、中曽根からはじまって、今なら安倍……

小林　もっといやだね。

伊藤　その安倍が辞めた後もね、記念館作るとか何だとか、税金で死ぬまで面倒見てやることになるんだぞ、そんなことやるのかと小林先生に指摘されて。

小林　アメリカの大統領がそんな仕組みですよ、と。アメリカでは一度元首（大統領）の地位にいた人が食えなくなって路頭に迷うようなことがあっては国の威信にかかわるから、一生、車とＳＰと屋敷をつけて、なんとか記念館とか作らせてあげて、思い出の品を並べたりするんですよ。日本で言ったら、中曽根大勲位とかね。安倍なんか若くして引退するだろうから、その後ずっと食わせなくてはならない、と。ムダ。

伊藤　それは確かに勘弁してほしいな、そりゃないだろうと（笑）。

小林　そうですよ。

伊藤 ほんとにそう。それで、天皇が歴史的にみて象徴の役割を果たして来たのだから、事実上の元首の役割を果たすという部分があってもいいのかな、と思うようになったのですね。

そのためには、天皇に象徴の役割しか果たさせない、ほかの事はさせないという縛りを憲法でかけることが、立憲主義の見地から重要だと思うようになりました。もし憲法に天皇について書いてなかったら……。

小林 「放し飼い」になってしまう。

伊藤 そう、放し飼いです。で、天皇が普通の市民として「天皇党」っていうのに担ぎ出されでもしたら、まさに政治的にやりたい放題になってしまう。

小林 政治献金も集め放題。ありがたがって利用するやついっぱいいるって、今。

伊藤 憲法の縛りがなくなったら、皇族や天皇家が一市民、普通のおじさんになる。でも彼らを熱心に信奉する人々がいるから、担ぎあげられて、強大な政治的な権力になる。そうなると天皇の政治利用がやり放題になる。

小林 だから憲法ではっきり認めて、ちゃんと閉じ込めておくのがいい。

伊藤 国民主権を弱めるために使われないよう、憲法の中に閉じ込めておく。これは立憲主義の憲法の重要な役割です。そういうわけで、私は今では、妙な政治利用をさせないためには天皇条項は残したほうがいいと考えています。これは小林先生との議論の中で得たことです。

だから、仮に天皇を元首と明記するにしても、国民がそれに対して意識を持ち、監視して、自分たちのものとして「何をさせないのか」ということを明確にすることです。国民が意識していないと、変に利用されて不幸なことになると思います。憲法で政治利用に縛りをかけなくてはいけない。

その視点で考えたとき、公的行為の無限定とか日の丸君が代の尊重義務とか、この草案には問題が多いと思いますね。

③九条について

伊藤　では九条に移ります。

小林　おっ。佳境ですね。先生と僕が一番対立するところだ。

編集部　まさにそこなんですけど、九条を改正すべきかどうかをめぐって、お二方のお考えには違いがあると思います。自民党の改憲草案の検証に入る前に、九条改正自体についてのご意見を先に聞かせていただけないでしょうか。

伊藤　そうですね。分かりました。

私は九条を改正して「国防軍」を創設することに反対の立場です。

現在の政府見解では、自衛隊は「必要最小限の実力部隊」とされています。わが国に対する急迫不正の侵害がある場合に、これを排除するために必要な最小限の「実力」であり、憲法によっても否定されない個別的自衛権である、したがって憲法の禁じた「戦力」にはあたらない、ということになっています。

「我が国の平和と独立」を守るためであれば、このように規定された今の自衛隊という組織で十分ではないでしょうか。へたに九条に手をつけると、かえって弊害のほうが多いと思います。立憲主義がもっと国民に定着して、主権者である国民が軍隊に対しても監視できるような土壌が育たない限りは危うい。

とくに今のタイミングではそうです。「国防のための軍隊」と言いながら、実際には、海外派兵されて、武力行使をし、まあ、かんたんに言えば、アメリカにいいように使われてしまいかねないのではないか、という不安も持っています。

国際貢献を言うのであれば、日本には軍事力より得意な分野があるだろうと思っています。紛争の予防や、紛争が終わった後の復興、ほんとうの意味の復興支援などに注力するべきではないか。アメリカ軍と一緒に掃討作戦に参加したり、アフガニスタンでゲリラを掃討して、間違って市民を殺してしまったりするような行動への参加が無制限にできてしまうような国防軍の規定を置くのは、間違っているのではないか。

それに、自衛隊を国防軍に変えて、日本が「普通の国」になることは、アジアの緊張関係をより高めてしまうことになりかねない。そういう意味で現時点の九条改憲には弊害が多いというのが私の意見です。

だから今、周辺諸国との間で緊張もありますが、そこをもう少し耐えて、今の憲法の下でがんばってみるべきだと思います。国民が立憲主義をしっかりと身に着けて、軍隊を統制できるシビリアンに育つことが、九条改憲より前の課題ではないでしょうか。

小林　なるほど。伊藤先生にこう理路整然と言われると、ついその気になりそうになる（笑）。

しかし私は、九条を改正して戦力と交戦権を明記することに原則的には賛成です。現行憲法九条の1項は、「国際紛争を解決する手段たる戦争」を放棄するとうたっています。これは国際法上の用法として自衛権を否定するものではなくて、侵略戦争のみを否定しているものですが、書き方がややこしくて、誤読させる部分がある。だからはっきりと「わが国は二度と侵略は致しません」と明記すればいいんですよ。そして2項で、「ただし独立主権国家として、自衛権は保有します」と書く。そのほうが、国際社会では分かりやすく、日本の信頼度は上がると思いますね。

そして先ほどの「九条を改正するとアジアの緊張を高める」というお話。これは逆だと思います。というのは、今のアジアの緊張は中国と北朝鮮が作っているのです。彼らは力の信奉者ですから。であるならば、私たちも軍隊をもったほうが、パワーポリティクスのなかで緊張は収まると思います。

さて、自衛権がある以上、当然、個別的自衛権と集団的自衛権があります。問題は集団的自衛権です。北朝鮮と中国が威嚇してきたとき、日米安保が有効に機能していれば、向こうとしては攻め込みにくいでしょう。だから、集団的自衛権はどうどうと認めておいたほうが、むしろ戦争を抑止する効果がある。ただし、集団的自衛権というのは、同盟国の戦争にも付き合わなくてはいけないということです。その条件をどうするか、憲法を改正するのであれば定めておく必要があるでしょうね。

伊藤　自衛権を認める以上、そこには集団的自衛権が当然含まれる、ということなんだろうとは思います。だから今の日本の政府解釈でも「集団的自衛権は日本も持っている」としている。そのうえで「今の憲法の下では行使しません、できません」というわけです。しかし、集団的自衛権を含め、海外で武力を行使できるように憲法を改正した場合、何が起こるでしょうか。たとえばイラク戦争のとき、「集団的自衛権の行使で参加してください」とアメリカに求められても、フランスやドイツは参加しなかったですよね。日本の政治家がそれと同じように「いや、イラクで戦争するのは間違いだと思う。だから日本は参加しません」と断るような力量を持っているでしょうか？　私にはどうもそう思えないんですよ。

小林　いや、日本はしたたかにならなきゃいけないんですよ。アメリカと組む以上、したたかにならなきゃいけない。

伊藤　うーん。どうしても、現実的に考えてしまうのです。

最近、安倍政権が集団的自衛権が必要な例としてあげているのは、日本近海で何かおきたときに、アメリカと一緒に戦えるようにするといったものです。これはどちらかというと、個別的自衛権でも説明できるような話だと思うんですね。だけど、ほんとうに集団的自衛権の行使として考えなくてはいけないのは、アフガニスタンやイラクのように、アメリカがどこかで戦争するぞというときに、日本が一緒にやるのかどうか、という場合です。アフガン攻撃でもイラク戦争でも、アメリカは自衛権の行使を名分に掲げました。自衛戦争なんだと。そうすると、アメリカの同盟国である日本は集団的自衛権を行使してアメリカと一緒に戦争できてしまう。

そういうときにどうするか。現行の九条解釈であれば、「一緒に戦争しよう」というアメリカの要請に対して、憲法を根拠に「申し訳ないけどできないんです」と断ることができます。政治家にフリーハンドで判断を任せるよりは、そのほうが現実的ではないかと私は思うのです。

小林 私が九条の改正を言うのは、もうひとつ別の理由があります。現在、建前としては憲法九条が守られていることになっている一方で、実際にはアメリカに脅されて裏口入学のようにイラクに自衛隊を送ったりしています。政治家が「ここは非戦闘地域だ」などと言って陸上自衛隊をイラクに派遣して、砂漠に基地を作らせる。でも自衛隊がいることでミサイル攻撃を受けて戦闘地域になってしまう。航空自衛隊はクウェートからバグダッドまで米海兵隊の部隊を輸送する。情報公開を求めても何を輸送したのか、7割か8割は秘密にされる。インド洋では海上自衛隊がアフガン攻撃に向かう米軍等に水と燃料を補給する。

こうした現状は、すでに立派に戦争参加ですよ。事実上の海外派兵です。憲法九条のもとで、しかも自民党自身が誓ってきた制約を超えてやっている。法律も道徳もあったものじゃない。これを放置することは、国家運営として正しくない。

だからすっぱり、憲法を改正して「侵略は二度としません。だけど自衛は必要があればします。そのために軍隊を持ちます。海外派兵は軽々しくやりません。国際社会の合意と、事前の国会承認がなければ致しません」。こういう国にしようと思うのです。

伊藤　仮に九条を改正するならそういう形にするべきだと私も思いますけどね。

小林　だけど今はその時ではないと、先生は思うわけだ。

伊藤　そうですね。まだそういうときではないということです。

小林　伊藤先生は日本人の民度を心配している（笑）。

伊藤　（笑）そう言うと上から目線みたいで、怒られてしまいそうですが。

小林　お気持ちは分かりますよ。立憲主義への理解という点で、愕然とすることが多いからでしょ。「こんなことも知らないの」ということが多すぎる。

編集部　どちらのお話も非常に説得力があって、考え込んでしまいました。もっとお聞きしたいのですが、また自民党改憲草案に戻っていただけますでしょうか。

伊藤　そうですね。

まず、二章が「戦争の放棄」から「安全保障」にタイトルが変わりました。そして、九条の1項の「戦争の放棄」はほとんど変わっていませんが、2項で「戦力の不保持」と「交戦権の否認」を削除して、「前項（1項）の規定は、自衛権の発動を妨げ

第二章　安全保障

（平和主義）

第九条　日本国民は、正義と秩序を基調とする国際平和を誠実に希求し、国権の発動としての戦争を放棄し、武力による威嚇及び武力の行使は、国際紛争を解決する手段としては用いない。

2　前項の規定は、自衛権の発動を妨げるものではない。

（国防軍）

第九条の二　我が国の平和と独立並びに国及び国民の安全を確保するため、内閣総理大臣を最高指揮官とする国防軍を保持する。

2　国防軍は、前項の規定による任務を遂行する際は、法律の定めるところにより、国会の承認その他の統制に服する。

3　国防軍は、第一項に規定する任務を遂行するための活動のほか、法律の定めるところにより、国際社会の平和と安全を確保するために国際的に協調して行われる活動及び公の秩序を維持し、又は国民の生命若しくは自由を守るための活動を行うことができる。

るものではない」という文言に完全に差し替えられました。

そのあとに続く九条の二で国防軍という正規の国軍をもつとしていますから、「戦力の不保持」を削除するのはいわば当たり前ではありますが、国防軍が自衛隊とはまったく性質が違う組織になることが、これではっきりしましたね。

この九条の二の改正の最大の目的は、国防軍が海外に出て行ったときに、自由に行動できるようにすることだろうと思います。ひとつには「集団的自衛権の行使」だし、もうひとつは3項で掲げられているように、国際協力の名の下での武力の行使を想定している。草案の解説として自民党がつくった「日本国憲法改正草案Q＆A」のQ8では「(自衛権には)集団的自衛権が含まれていることは、言うまでもありません」と断言しています。

今の自衛隊は、憲法の「交戦権の否認」があり、正規の軍隊ではありませんので、海外で他国の兵士を殺傷することは、原則的にはできません。自衛官が自分の身を守るために行う正当防衛と緊急避難の場合に許されるだけです。それは交戦権が否認されているからですが、それが削除されれば、国際協力や集団的自衛権の行使として海外に出て行ったときに、敵国兵士を普通に殺傷できる。つまり、今の自衛隊と国防軍では、原則と例外が逆転するのです。分かりやすくいえば、「人殺しを目的にした組織

自民党　日本国憲法改憲草案Q&A

Q8 **戦力の不保持や交戦権の否認を定めた現九条2項を削って、新九条2項で自衛権を明記していますが、どのような議論があったのですか？　また、集団的自衛権については、どう考えていますか？**

答 今回、新たな九条2項として、「自衛権」の規定を追加していますが、これは、従来の政府解釈によっても認められている、主権国家の自然権（当然持っている権利）としての「自衛権」を明示的に規定したものです。この「自衛権」には、国連憲章が認めている個別的自衛権や集団的自衛権が含まれていることは、言うまでもありません。

か、そうじゃないのか」という違いになりますね。

私はこのような国防軍の創設に反対ですが、百歩譲って国防軍を置くとしたとしても、それはきちっとした文民統制の下に置くべきで、憲法上の歯止めをしっかりかけるべきです。そうでなければ、憲法によって軍事力を縛るという立憲主義が骨抜きになってしまうだろうと思います。

そういう視点からこの草案を読むと、九条の二の2項で、「法律の定めるところにより、国会の承認その他の統制に服する」とあるのは問題です。軍への統制という重要な事柄について、憲法での制約を放棄して、法律に丸投げしているのです。しかも国会承認以外の「その他の統制」とは、いったいどういう統制なのでしょうか。これでは、いわゆる文民統制も含めて軍隊に対する歯止めがないも同然です。もちろん、法律で定めるというのですから、一応、文民統制はできているという論理も成り立ちますが、ときの政権与党が強行採決で通した法律でも軍が動かせることになります。憲法の縛りはそこにはありません。

3項でも、またもや「法律の定めるところにより」国際協力のための行動ができるとしています。先の自民党の「Q&A」でも「法律の規定に基づいて、武力を行使することは可能」と明言していますから、海外での武力行使も無制限に行なえることになります。

結局、軍事力に対する憲法の縛りがまるでないのです。こういう形で国防軍という軍隊をもつことは、海外での暴走の可能性も含めて、ほんとうに国民の生命・自由・財産を守る役割を果たせるのかという点できわめて疑問だし、むしろ危険性が高いのではないかと思います。

まとめると、自衛隊ではなくて軍隊をもつこと自体、重大な危うい選択ですし、それが自衛を超えて、海外で自由に軍事行動ができるようにするというところにこの条項の意図があるのではないかと思うのです。そのうえ、民主的統制、立憲主義的な統制というものがほとんどなされていない。そういうわけで、この条項に私は反対です。

小林　九条2項の交戦権否認を削除したことについては、自衛隊が、世界の軍隊が交戦権をもって跳梁跋扈している国際社会に出て行く以上、それと互角に向き合えるようにしてあげないと、やられに行くようなものですからやむを得ないと思います。確かに自衛隊から正規の国軍になることで行動できる範囲は変わりますが、要はわれわれがその使い方を間違えないことです。

また、文民統制については、この草案にも一応書き込まれていると私は見ますね。九条の二には「内閣総理大臣を最高指揮官とする」と書いてある。総理大臣は文民ですから。これはアメリカの憲法と同じですね。

ただし、続く二の3項で海外派兵について規定していますが、この内容はダメです。「法律の定めるところにより」というのでは、国会内の相対的多数で簡単に海外派兵が可能になってしまう。

海外派兵というのは国の命運に関わることだから、憲法事項であるべきです。無条件に国会の多数決にまかせるべきではない。条件は憲法に明記して、権力を拘束すべきです。集団的自衛権についてもそう。同盟国の戦争にも付き合わなくてはいけなくなるわけで、その条件をどうするか、定めておく必要があります。

ではどのような条件を書き込むべきか。私の考えでは、海外派兵は特定の国家の要請だけで行なわれるべきではない。ひとつは国際社会の客観意志としての国連決議があること。あるいはわが国の安全保障のために必要不可欠な条文、たとえば日米安保条約のような、わが国が責任をもって締結した条約の実施のために同盟国から求められた場合。

そして国内的には、個別に国会の事前承認が必要。なぜなら、上に示した国際的な条件が揃っていても、国内の事情で「できない」ということがあると思うんですね。こういうことを海外派兵の条件として憲法に明記しておくべきなのです。

その意味では、この憲法草案の海外派兵条項（九条二の3項）はもう致命的にダメ。条件を法律にゆだねてしまっている。これはアウト。

伊藤　まったく同感です。

編集部　この2項のいう「その他の統制」とは何を指しているのでしょうか。

伊藤　必ずしも国会の承認を得られるわけじゃない場合を想定しているんでしょうね。

小林　急ぐときは国会の承認なしでも海外派兵するということですよ。

伊藤　そうですね。あるいは総理大臣が「国防軍は米軍の統制下に入れ」と言ったらそれでもいいとかね（笑）。総理大臣が単独で判断してもいいし、国会の承認は事後でもいいという話になる。

小林　だからこれはもう、軍隊に対する憲法の統制としては政府与党に「丸投げ」ですよ。だからアウトなんです。これはもう、さすがに私でもついていけない。この条項は恐ろしいですよ。

伊藤　だって「法律の定めるところにより」で、まず法律で何でもできちゃいますよっていうわけだし、そのうえ「その他の統制」でなんでもいいよって丸投げしているわけだから、シビリアンコントロールでも何でもない。

小林　尻抜け。さすが中谷元さんが書いただけある。

伊藤　「軍隊は間違うことないから大丈夫。自分たちは間違えないから大丈夫だ」っていう発想なんじゃないですか。立憲主義の観点から見て、まるで意味がない。

編集部　あと、九条1項が微妙にマイナーチェンジしていますよね。これは何か意図があるのでしょうか。

伊藤　いやあ、意図はないでしょう。私もこの点、最初気になりましたが。現行憲法の条文では、「永久にこれを放棄する」の内容が、戦争に加えて「武力による威嚇又は武力の行使」とすべてにかかるような文章になっています。これを整理して、「国権の発動としての戦争」を放棄しているんだと明確にしたのでしょうね。
ただ、現行憲法の九条1項も、「国権の発動としての戦争」はしないということがその趣旨です。そしてこの「国権の発動たる〜」というのは、要するに宣戦布告をして正規に行う戦争という意味なんです。いまどきそんな戦争はない。国連憲章は「戦争や武力行使は原則違法です」と掲げているわけで、それを確認しているにすぎません。一方で国際紛争を解決する手段としてという限定がついていますから、ここで禁止されているのはそれ以外の戦争、つまり侵略戦争なんですね。このことは先ほど、小林先生も少しふれていましたが。

小林 そうです。私は、「国権の発動たる戦争」を放棄した九条の1項は、戦争を違法とした1928年の「不戦条約」に則って、侵略戦争を禁止したものだと考えます。不戦条約の第一条には「締約国ハ、国際紛争解決ノ為（ため）戦争ニ訴フルコトヲ非トシ、且（かつ）其（そ）ノ相互関係ニ於（おい）テ国家ノ政策ノ手段トシテノ戦争ヲ放棄スルコトヲ其ノ各自ノ人民ノ名ニ於テ厳粛ニ宣言ス」とあります。当時の日本も調印しました。ところがこの条約は自衛権は否定していないんですね。「国家ノ政策ノ手段トシテノ戦争」というのは、侵略戦争のことなのです。

編集部 なるほど。つまり現行憲法でも、九条の1項自体は、「侵略戦争」を否定しているだけなのですね。

伊藤　そうですね。現行憲法の九条1項については、それが通説です。だから、この1項のマイナーチェンジでその趣旨に変更が加えられているということはないと思いますね。

だけどそれは逆に言うと、九条1項「戦争放棄」が残っているから他が改正されても安心だ、とは言えないということでもあります。2項以下で、集団的自衛権の名の下で、あるいは国際協力の名の下で、いくらでも海外での武力行使、戦争ができてしまう。ここにはそうした事態への歯止めがないのです。

なので、2項以下を変えると、現行憲法とはまったく違うものになります。「戦力不保持」「交戦権否定」を否定するのであれば、自衛権の行使として認められるのはどこまでか、どんな条件の下で認められるのかという歯止めも設けないのであれば、「何でもあり」になってしまいますよ。

小林　ほんと。それが自民党の改憲の意図なんだよね。

伊藤　ええ。それがまさに彼らの意図なんですね。1項を残すことで「ほら、戦争は放棄しています、安心してください」と言いつつね。

よく「軍隊を持ったからと言ってすぐに戦争を始めるわけじゃないでしょう」と言

われます。「護憲派は軍隊を持ったらすぐ戦争になるって大騒ぎするけど、そんなわけないだろう」とね。確かに、すぐに戦争が始まるかどうかはわかりません。だけど憲法の歯止めをこんなふうになくしてしまえば、したいときにいつでも自由に戦争ができるようになってしまうわけです。

檻の中に閉じ込めているライオンを、外にいったん出したらどうなりますか。すぐに暴れまわるわけではないかもしれないけど、いったん暴れ始めちゃったら、それをまた檻に押し込むのは至難の業ですよ。

それに、日本を守るために軍隊が必要だ、そのために改憲が必要だ、と考えている人は多いと思うのですが、集団的自衛権の行使を認めるこの改憲草案は、決して「日本を守る」ことを目的にしたものではないと思います。世界中のどこであってもアメリカと一緒に戦争ができる、武力行使が自由にできるようにすることが狙いです。「極東における国際の平和及び安全の維持」を掲げた安保条約の範囲さえ超えています。

この本質をしっかりおさえないと、「やっぱり、尖閣を守るために軍隊は必要じゃないか」というムード的な議論に流れちゃう。

小林　ぼくが憲法学者だと知っていて言うのだろうけど、アメリカのホワイトハウス高官とか、国務省や大使館の外交官なんかに会うと「日本はいつ、憲法九条を改正してアメリカと一緒に戦争に参加してくれますか」と率直に聞いてきますよ。この改憲草案なら、「これで行けますよ」と言えるようになる。露骨ですよ。

伊藤　まったく。

小林　やっぱり自衛隊出身の中谷元さんが委員長として起草して、「ひげの隊長」佐藤正久さんも参加していますからね。

伊藤　草案の検証に戻ると、九条の三も問題がありますね。「国は、主権と独立を守るため、国民と協力して、領土、領海及び領空を保全し、その資源を確保しなければならない」。「資源の確保」というものを義務として憲法に入れてしまうと、資源確保のための侵略、海外派兵を正当化する根拠になりかねないと思います。

少し先の条文になりますが、二十五条の三にも安全保障にかかわる条項があります。「国は、国外において緊急事態を生じたときは、在外国民の保護に努めなければならない」。これも、国防軍をもつことと合わせて考えれば、在外国民保護を掲げた海外派兵の根拠になりえますね。

戦前、1874年の台湾出兵から1927年の山東出兵まで、在外国民保護の名目で始まった戦争はたくさんありました。それなのにこういう規定を憲法に入れるかね、という思いを私は持ちますね。

小林　いや、私は「在外国民の保護」はむしろ憲法に書き込んでおくべきだと思います。在外国民の保護というのは緊急事態には必要だと思いますので。ましてや海外派兵にかかわる可能性があるならなおさら書いておかないと、根拠規定なしで行なわれることになりかねない。

資源確保についても、たとえば日本の領海内の資源を他国の船が奪いに来たとする。それに対して、日本の海上保安庁の船が出向いていったら向こうは海軍が出てきたとしたら、これはやはり自衛隊が出て行かざるを得ないわけです。

実際、最近になって日本の海洋権益が狙われるようになってきているでしょう。採掘技術の進歩で、海底の地下資源に手を出せるようになったら、どんどん外国の船が来るようになったじゃないですか。

領海の保全や資源確保への脅威としては、海洋汚染という問題もある。そういう意味で、これらに対処する行動規定はやはり必要だと思います。

伊藤　しかし小林先生、この九条の三のなかの「国民と協力して」についてはどう思いますか。

小林　協力させられちゃうのか……。うーん。これはよけいな文言ですね。付き合わなきゃ非国民だぞと。

伊藤　あるいは「この島を売るな」とか、そういう意味もあるのかもしれませんね。

小林　ああ、そうか。

伊藤　国民の義務につながる可能性がある。資源の確保のために協力しろと。

小林　「国民と協力して」か。「国民を巻き込もう」という話だね。これは、議論の中で取り外させる必要がありますね。

編集部　たとえば日本がどこかの国と領土問題で戦争になったとして、そのときに「私はこの戦争には協力できない」という人がいたら、あなたは九条の三で「国民と協力して」とあるのに、協力しないんですか！　と叱られるのでしょうか。そういう、戦争協力を強要する根拠になりますか？

小林　アメリカには、戦争に非協力的な国民はほおっておくしかないという判例（良心的兵役拒否）があるんです。非協力的な国民に銃をつきつけて協力しろって言っても無理ですよね。かえって邪魔になる。現実問題として、国と国がぶつかったときに、国民の多数が非協力ということはまずありえない。協力しないのは一部の変わり者だけ、ということになります。だから、この文言が実質的な意味をもつことはないとは思います。自民党や防衛族としては、気持ちの問題としてこの一言を入れたかったんでしょう。要らぬ文言だと思いますよ。

伊藤　安全保障についてはこれくらいにしておきましょうか。憲法で軍事力を縛るという立憲主義の観点からこの憲法草案の「安全保障」に関する条項を見ると……

小林　完全に、アウト！　ですよ。

④ 第三章　国民の権利及び義務について

伊藤　次は人権関連条項です。

先ほど、自民党が草案の解説書として出している「日本国憲法改正草案　Q＆A」について触れましたが、そのなかの「国民の権利及び義務」のQ13に、すごいことが書いてあるんですね。「現行憲法の規定の中には、西欧の天賦人権説に基づいて規定されていると思われるものが散見されることから、こうした規定は改める必要がある」。

天賦人権説とは「すべての人間は、生まれながらにして自由に、平等に幸福を求める権利がある」という考え方であり、アメリカ独立宣言やフランス人権宣言にも盛り込まれたものです。この「Q＆A」は、〝だれもが生まれながらに人権を持っている〟という発想を改めなくてはいけないと言うのです。先ほどの片山さつきさんの主張（42ページ参照）はここから来ていたのですね。これはまさに〝天皇や国から与え

自民党　日本国憲法改憲草案 Q&A

Q13　「日本国憲法改正草案」では、国民の権利義務について、どのような方針で規定したのですか？

答　国民の権利義務については、現行憲法が制定されてからの時代の変化に的確に対応するため、国民の権利の保障を充実していくということを考えました。そのため、新しい人権に関する規定を幾つか設けました。

また、権利は、共同体の歴史、伝統、文化の中で徐々に生成されてきたものです。したがって、人権規定も、我が国の歴史、文化、伝統を踏まえたものであることも必要だと考えます。現行憲法の規定の中には、西欧の天賦人権説に基づいて規定されていると思われるものが散見されることから、こうした規定は改める必要があると考えました。例えば、憲法11条の「基本的人権は、……現在及び将来の国民に与へられる」という規定は、「基本的人権は侵すことのできない永久の権利である」と改めました。

られた臣民の権利〟という発想だなあと思わざるを得ないですよね。人はだれもが生まれながらにかけがいのない人権と自由といった価値をもっているという発想からスタート「しない」ということ自体が、理解しがたい。

この第三章「国民の権利及び義務」は、全体がまさにこうした思想で貫かれています。

第十二条からみていきましょう。

第十二条　この憲法が国民に保障する自由及び権利は、国民の不断の努力により、保持されなければならない。国民は、これを濫用してはならず、自由及び権利には責任及び義務が伴うことを自覚し、常に公益及び公の秩序に反してはならない。

前半部分は現行憲法の十二条とほとんど変わらないんですが、問題は後半です。「自由及び権利には責任及び義務が伴うことを自覚し、常に公益及び公の秩序に反してはならない」。

「常に公益及び公の秩序に反してはならない」と。現行憲法では「常に公共の福祉のためにこれ（自由及び権利）を利用する責任を負ふ」とされています。確かに、「公共の福祉」の意味が曖昧だ、という批判はあるのですが、これを「公益及び公の秩序」と変えてしまうと意味がまったく異なってきます。

「公共の福祉」とは、基本的には人権と人権のぶつかり合いを調整することを指しているわけです。「基本的には」と言ったのは、人権の衝突以外の場面で、「公共の福祉」による制限を行なうときには、その憲法上の要請が具体的に示されなければならないという意味です。それに対して、ここで言う「公益及び公の秩序」とは何でしょうか？

公益というのは、おそらくは国益ともつながってくるもの、あるいは現在の社会秩序ということでしょう。そういうものに反しない範囲でのみ、人権は認められるのだということです。これでは、法律の留保をつけられていた明治憲法の人権保障と変わらないことになってしまう。人権が法律や「国益」や秩序の下に置かれることになります。

次に十三条です。

第十三条　全て国民は、人として尊重される。生命、自由及び幸福追求に対する国民の権利については、公益及び公の秩序に反しない限り、立法その他の国政の上で、最大限に尊重されなければならない。

現行憲法においては、この条項は、個人の尊重と、生命・自由・幸福追求権、いわば憲法の「目的」を定めた最重要な部分です。ところが、現行憲法で「すべて国民は、個人として尊重される」となっている部分を、この草案は「全て国民は、人として尊重される」と修正しています。「個人」を否定して、あえて「人」にしているんですね。それぞれ異なった個性をもった「個人」の尊厳、それを尊重しようという考えをあえて否定しているのです。これは大問題だと思っています。

この十二条、十三条を「総論」として、各論的な条文がそのあとに続きます。気になる条文をチェックしていきましょう。

まず二十一条2項、「表現の自由」。

第二十一条2　前項の規定にかかわらず、公益及び公の秩序を害することを目的とした活動を行い、並びにそれを目的として結社をすることは、認められない。

「公益及び公の秩序を害することを目的とした」活動や結社は禁止されるとしています。何らかの具体的な活動を事後的に規制するのではなく活動そのもの、結社そのものを憲法で禁止するのは、表現の自由への重大な制約です。「表現の自由」を定めた条文のところで、なぜこういう規定が入ってくるのでしょうか。当然ながら現行憲法では、表現・結社の自由を制約するこうした条項は入っていません。

さらに二十四条。

第二十四条 家族は、社会の自然かつ基礎的な単位として、尊重される。家族は、互いに助け合わなければならない。

「家族は（中略）互いに助け合わなければならない」。前文でも「家族や社会全体が互いに助け合って」という文言がありましたが、こんなことを憲法で義務付けられるのは、もうほんとうに余計なおせっかいとしか言いようがない。いや、おせっかいではすまなくて、この規定によって家族のあり方に対しても国が口を出すことになるのではないかという懸念をもちますね。

この第三章は、彼らが自負する通り、総じて天賦人権を否定するという前提から発想されていると言えるでしょう。今までの立憲主義の憲法の人権の考え方とは相当に異質な内容になっていると思います。

小林　天賦人権否定は、その「Q&A」に書いてあるんですね（102ページ参照）。

伊藤　はっきりと書いてあります。

小林　そうですか。

こういう自民党の改憲論議につきあっていて、ほんとにいやだなと思うのは、明治憲法回帰型の学者が出てきては、国王と国民の対決から生まれたような西洋的な人権思想は天皇を家父長とした大家族主義の日本にはなじまない、とか言い出すわけですよ。そうすると自民党の人たちは鬼の首をとったように喜ぶわけ。「個人の権利」などと言わずに「国民の権利」と言うべきだとか。

だけど、アメリカ独立宣言から始まる成文憲法がよって立つ世界観はどういうものか。それは要するに、人は人として生まれたそれだけの理由でもっとも尊いし、生まれた以上、幸福に生きる権利があるということです。そして、どれだけ人がいても、

全ての人が異なった個性をもっているということ。幸福とは自分が自分であることが否定されないこと、つまり個性の尊重なんだということ。それが「憲法」の前提にある価値観なんですよ。そのうえで、人間はもともとポリス的存在である。すなわち、一人では生きていけないものだから、国家というサービス機関を道具としてみんなで作ったんだということです。

であるとすれば、人と国家が対立したときに、国家が人の人格的生存を犯すようなことがあれば、これは道具である国家が誤作動しているということなんだから、革命を起こさなくてはならない。これがまさに、アメリカ独立戦争、独立宣言の精神ですよね。

確かに天賦人権説と言うのは、西洋で始まったものだから、キリスト教の神が想定されている、固有の文化的背景をもったものとはいえます。だけど、個々の国民が個性をもった存在であり、かつ、幸福に生きる権利をもっているんだという前提は、誰にも否定できない普遍性をもっている。だとすれば、天賦人権説というのは、個人の存在理由とか国家の存在理由にかなった、一番いい説明だと思うんだよね。

伊藤　はい。まったくそのとおりだと思います。

小林　これを否定する発想が僕にはわからない。

国家が先に来て、国民が後に来るとなると、国家が人権に対していくらでも条件をつけることができてしまう。だけど国家なんていうのは肉体を持たない架空の約束ですから、結局は国家権力の名で行動しうる自然人、政治家を含む公務員が、自分の価値観や判断を「国家」の名で押し付けることになる。

伊藤　そうですよね。

小林　だから、この第三章を貫いている考え方は、歴史の教訓に逆行する、おバカな発想ですよ。それから、個人の個を取って、「人」とすることが意図的に行なわれたのだとしたら、恐ろしい話です。個性こそが尊重されるべきものだというのが人権論の本質なのですから。

しかし、「公共の福祉」を「公益および公の秩序」と言い換えたことそれ自体は、言葉の選び方に過ぎないので、議論の余地はあると思います。全面否定することはない。公共の福祉というのは、そもそも英語で「public welfare」ですが、原語でも分かりにくい。だからアメリカの最高裁判例でも「public welfare」をイコール「public interest」あるいは「state interest」としています。公益、国益と翻訳できると思います。これで言えば、「公益および公の秩序」とは、英語にすれば「public interest and public order」ということになります。「公共の福祉」から大きく隔たった表現ではない。

ただね、「自由及び権利には責任及び義務が伴う」というのは自民党のいつもの議論ですよ。だって、義務が伴わない権利なんていくらでもありますからね。たとえば、誰かにお金を貸したら債権者になりますが、債権という権利に何か義務が伴いますか?

もちろん、権利を濫用してはならないのは当然です。だから、「権利には、濫用しない義務及び、公共の福祉に遠慮する義務がある」とでも書くのであればいいんです。この条文は、そう書き直せばいい。

二十一条の表現・結社の自由への制限は、過剰な規制が想定されているように見えるので、削除すべきです。二十四条の、家族は助け合えという余計なおせっかいも要りませんね。実はこの話、ちょうど今日の民主党議員の勉強会で話して来たんですよ。

伊藤　ほう、民主党に行ってこられたんですか？

小林　そこで、こう言ってきましたよ。結婚というのは縁があってするもので、人生でもっとも重要な契約ですと。だけどそんな重要な契約を、もっとも軽率な瞬間にしてしまうものなのですと（笑）。だから、アタリもあればハズレもある。たまたま出合った順番とかね。です。だからこそ民法には、結婚と離婚の規定が両方、書いてあるわけです。私生活の問題だから、国家権力がそもそも介入すべき問題じゃない。この世でもっともいとおしく愛し合った2人が、最後は殺したいほどの憎しみで別れたりするんだと。この話、民主党の議員たちにバカ受けでしたよ。

伊藤　わははははは。

小林　なのに憲法という最高法で「家族は尊重しあわなきゃならない」とか「助け合わなきゃ」とか書いてあったら、どうなりますか。仮にどちらかの不倫で離婚するという夫婦がいたとしたら、不倫された側が「相手の行為は憲法違反だ」と訴えますよ。あるいは刑法で「不倫は犯罪なり」と決めましょうということになりかねない。戦前の姦通罪の復活です。道徳に法が踏み込むなんておせっかいはやめなさいと言いたいですね。

伊藤　先ほどの「公共の福祉」か「公益および公の秩序」かという話ですけど、確かに先生のご指摘のように、英語では「公益および公の秩序」は「public interest and public order」となると思います。だけど問題はpublicの意味ですよね。Publicのもとの意味は「人民の」ということでしょう。そういうPublicであればいいんですけど、どうも日本語で「公益」とか「公（おおやけ）」とか言い出すと……。

小林　お役所が認定するものが公だという話になる。

伊藤　そうです。そういうことになっちゃって、市民の、みんなの利益という方向に行かないのではないかというおそれを抱きますね。

小林　そういえば、さっき言い忘れましたけど、日本の憲法学者は「公共の福祉」という言葉が嫌いだから、この言葉をアメリカで使われているようには使わずに、個人と個人の基本的人権が衝突する場合だけになんとか限定しようとする。たとえば表現の自由とプライバシー権が衝突するといった場面です。しかしぼくはこうした「人権の衝突」以外にも公益ってあると思うんですよ。

伊藤　それは確かにあります。判例でもいろいろ認めています。たとえば公正な選挙の実現とかね。あるいは公正な裁判の実現のために人権を制限するとか。

小林　だから公共の福祉というものを定義しなおせば、「私の人権とあなたの人権がぶつかったときの調整」だけではなくて、「誰でも自由に人権を享受できる前提としての、共存共栄できる社会状態」です。個人の利益に還元されない客観的な社会状態、つまり「公益」をも指すわけです。

伊藤先生が例に出した公正な裁判がいい例です。裁判の公正さを保障する必要は、人権の衝突という次元では説明できません。客観的な社会の条件です。だからそういう意味で、公益という概念を何が何でも排除して、人権の衝突の場合しか人権は制約されないというのは日本独特の異常な解釈だと思うよ。

伊藤　「人権と人権の衝突の場合しか人権は制限できない」というかつての議論は、もう通用しないとは思います。ただ、じゃあ何でもいいのかというと、そうではない。先ほど例に出した公正な選挙とか、公正な裁判というのは憲法上の要請ですよね。そうしたことで制限を受けることについてはありうることだと思います。

小林　だから、公共の福祉とか公益とか、公の秩序という言葉が、説明できない何かに使われなきゃいいわけでしょう。運用の問題ではないでしょうか。

伊藤　なるほど。

編集部　権力者が「公益」という論理を濫用することへの歯止めを、憲法条文の中で表現することはできないんですか。

小林　僕はムリだと思うね。

伊藤　それはむずかしいでしょうねえ。

小林　結局それは、運用においてわれわれが賢くあればいいんですよ。権力者が濫用したばあいは「それはパブリックに名を借りたお前のプライベートな利益だろう」ときちんと言い切れればいいんです。

伊藤　それと、具体的なことについては裁判所が賢くきちんとした判断を下せなくてはダメですね。

小林　裁判所に賢いジャッジをさせること。たとえば公正な選挙ということで言えば、伊藤先生がいま、「一票の較差訴訟」をやっているでしょう。選挙制度って、どんなにゆがんでいても政治家はそれで自分が当選したのなら都合がいいわけですよ。だから放っておくとひどいことになる。

選挙といえば、この改憲草案にも、ひどい条項がありますよね。

⑤選挙に関する事項について

伊藤　ありますね。四十七条。「選挙区、投票の方法その他両議院の議員の選挙に関する事項は、法律で定める。この場合においては、各選挙区は、人口を基本とし、行政区画、地勢等を総合的に勘案して定めなければならない」。一人一票の原則性を示すよりも、投票価値以外の要素を考慮することを、憲法の条文自体が認めてしまっています。

小林　人口以外の要素を考えていいと。

伊藤　そういうことです。

小林　すごいよね。最高裁判例に反していますよ。後退ですよ。

伊藤　憲法の方を変えてしまえば、一票の不平等問題で二度と違憲判決を下されなくなるという理屈ですね（笑）。

小林　結局、現職の自民党議員はいまの選挙制度で出て来ているからね、動かしたくないわけだ。今の幹事長なんて、人口と一票のバランスが一番おかしなところから出てきているし（笑）。

伊藤　ははは（笑）。

小林　「行政区画、地勢等を総合的に勘案」なんかしたら、ひどいことになりますよ。日本一面積の広い選挙区だから、とか、すばらしい自然があるとか、しまいには犬や猫や豚にも1票がある、みたいな話になってくるからね（笑）。

伊藤　そうですよ。

小林　川にも一票、橋にも一票、畑にも一票（笑）。面積を勘案するということは、木や畑が主権者になっちゃうということです。

伊藤　そう。はは（笑）ほんとそう。

小林　こんな憲法はありえないね。議員は「人」の代表なんですよ。

伊藤　まさにそうです。だからアメリカには「議員は人びとを代表するのであって、木や土地を代表するのではない」（１９６４年）という判例がありますね。「legislators represent people, not trees or acres」。わかりやすいですよね（笑）。広さは関係ない。ことばを換えれば、「国民が主権者だ」ってことです。議員はその代表にすぎないのであって、主権者ではない。

小林　そうです。これは判例が尊いというより、それが真理だから尊いんです。

伊藤　これは「平等権」にかかわる、きわめて重要なところなので、民主主義の憲法として譲れないところです。一人一票原則というのは、平等権の選挙におけるあらわれですから、人口比例での平等が厳格に貫かれるべきなのは、当たり前の話なんです。

要するに民主主義、国民主権ということを理解していないということです。

⑥九十八条　緊急事態について

小林　最後に九十八条。「緊急事態の宣言」。これは先生とぼくで意見が違うんじゃない？（笑）

伊藤　そうですね、違いますね。

九十八条は、ちょうど九条と裏表の存在です。世界の憲法をみると、緊急事態条項がない憲法は珍しいというくらい、普通はおいてある。それは、軍隊があって戦争に巻き込まれるおそれがあるということと裏表なんですよね。

だから、どの国の条文を見ても、それが予定している「非常事態」はほぼ戦争のことを意味しています。これに対して自民党の草案は自然災害も緊急事態のなかに数えています。調べてみましたが、自然災害を緊急事態に入れている国はドイツとポーランドしかないですね。

第九十八条　内閣総理大臣は、我が国に対する外部からの武力攻撃、内乱等による社会秩序の混乱、地震等による大規模な自然災害その他の法律で定める緊急事態において、特に必要があると認めるときは、法律の定めるところにより、閣議にかけて、緊急事態の宣言を発することができる。
2　緊急事態の宣言は、法律の定めるところにより、事前又は事後に国会の承認を得なければならない。
3　内閣総理大臣は、前項の場合において不承認の議決き、国会が緊急事態の宣言を解除すべき旨を議決したとき、又は事態の推移により当該宣言を継続する必要がないと認めるときは、法律の定めるところにより、閣議にかけて、当該宣言を速やかに解除しなければならない。また、百日を超えて緊急事態の宣言を継続しようとするときは、百日を超えるごとに、事前に国会の承認を得なければならない。
4　第二項及び前項後段の国会の承認については、第六十条第二項第二項及び前項後段の国会の承認については、第六十条第二項あるのは、「五日以内」と読み替えるものとする。

緊急事態条項とは、基本的には、戦争に巻き込まれる事態を想定して、立憲主義が破壊されるおそれがあるから、それを防ぐために憲法を一時停止して立憲主義を守ろうというものです。

日本国憲法がこの条項を置いていなかったのは、戦争を放棄していたからです。明治憲法にはありました。だから九条を改正して国防軍を置くとなれば、セットで緊急事態条項がついてくることは理解できます。

ただ、緊急事態条項の位置づけは、「立憲主義を守るために、立憲主義を一時停止する」ことにあります。権力分立を一時停止して権力を行政に集中させ、人権の保障をいったん停止して人権制限を認めるわけですが、例外として、きわめて限定的であるべきだと思うんですね。緊急事態の名の下に権力集中や人権制限が常態化してしまったら元も子もない。単なる立憲主義の破壊になってしまいます。

だから仮に緊急事態条項を置くとしても、憲法でいかに縛りをかけるかという発想がなくてはいけないのに、この九十八条の条文は何の歯止めにもなっていません。

具体的に見てみましょう。九十八条はその冒頭で、緊急事態宣言を行う状況として「我が国に対する外部からの武力攻撃、内乱等による社会秩序の混乱、地震等による大規模な自然災害その他の法律で定める緊急事態」を列記しています。「内乱等」「地震等」と限定付けが弱く、最後に至っては「その他の法律で定める緊急事態」。これでは何が緊急事態なのかも法律で無制限に定めることができてしまう。緊急事態宣言を発して、権力を総理大臣に集中させ、人権を制限できるのが一体どういう場面なのかということ自体を、法律に丸投げ。こういう憲法はあまりないですね。

一応、人権制限に歯止めをかける条項として九十九条3項で「基本的人権に関する規定は、最大限尊重されなければならない」とあります。しかしこれだけでは実質的な歯止めの機能はもちえないでしょう。

もちろん、英米法の国、とくにアメリカなどは、緊急事態の宣言は大統領の権限で、憲法に書いてはありません。それでも、マーシャルロー（戒厳令）のように対応できるのはきわめて限られた場面であるということは伝統的にあるわけです。

小林　私はこうとしか書きようがないと思う。緊急事態とは何かについては、2つしか書きようがなくて、1つは戦争、1つは自然災害。たとえば災害時に何が優先されるかというと、できる限り早く復旧すること。つまり、社会が自然に機能する状態へ戻すことが全てに優先する。

たとえば地震や津波の後で、道路を復旧するとしましょう。そのときに、道の真ん中に転がっている車を除去しようと思ったら所有者の許しが必要だとか、ガレキを片付けようとしたら、そこにある仏壇は代々受け継がれてきたものだとか言っていたら、らちが明かない。申し訳ないけど一切どけさせてもらって、復旧の最初の道を作る必要があるわけです。

緊急事態においては、最低限の都市機能をすみやかに回復する必要があるわけです。そのためには、三権分立、チェック・アンド・バランスをやっている余裕はない。法律や予算の根拠も確かめている時間はない。ありとあらゆる資源を、行政権に、総理大臣に一元的に集中して、とにかく対策を実行させる。で、復旧のめどがついたら、総理大臣はすみやかに辞表を提出して、民意の洗礼を受ける。同時に、その間にどさくさにまぎれて違法行為をした者があったら、ちゃんと処分する。それから、全体の利益のために財産的損失をこうむった者については公で補償する。

そういう概要になりますよね。これは憲法でその根拠規定を書いておいて、法律で定めるしかない。そうしないと憲法違反になってしまう。

伊藤　戦争と単なる自然災害とに限定することをはっきりしておく必要があると思うんですね。

小林　それは賛成です。

伊藤　ところがこの条文だと、「緊急事態とは何を指すのか」という中身を、法律を作ることでいくらでも広げることができる書き方になっているわけです。「その他の法律で定める緊急事態」ですからね。法律に丸投げです。

小林　それは確かにおかしい。「内乱等」というのも、現代の日本で内乱なんか起こるわけがない。だから仮に戦争と災害以外に内乱への対応が必要だというのであれば、別に書くべきでしょうね。もちろん、悪政に対する抵抗権の行使はほとんどの場合、政府からは内乱と見なされてしまうので、その書き方については慎重な議論が必要です。

もちろん「緊急事態とは何を指すのか」についての限定は必要ですが、緊急事態条項そのものは必要ですよ。緊急事態における人権の停止という憲法原則の例外事態について、憲法に根拠がなかったらアウトですよ。

伊藤　確かに武力攻撃を受けた場合ということを考えれば、憲法上、なんらかの規定が必要と考えることもできるでしょう。しかし緊急権条項をおくことによる濫用のリスクを考えると、やめておいた方がいいと思います。

先生が緊急事態の例としておっしゃった、災害時に道をふさいでいる自動車をどうするかといった問題、それは現行憲法の枠内でも法律でできることだと思うんですよね。それこそ、まさに「公共の福祉」ですから。

小林　それは確かにそうです。

伊藤　災害対策については、もし現行の法律に不備があるなら作ればいいだけの話なのではないかと思うのです。

私は、東日本大震災でおきたような混乱は、憲法の問題ではなく、それどころか法律の問題でもなくて行政の運用の問題だったと思っています。廃棄物処理法や災害対策基本法の条文を見ると、車をどかすことも含めて、じつは自治体権限でいくらでもできるんです。そういうことを、行政の現場の人間が知らなかっただけです。

小林　ほんと？　私も知らなかった（笑）。

伊藤　総理大臣が命令を出してすみやかな復旧をはかるというのは、今ある法律でほとんど可能だったんです。東日本大震災のケースについて言えばね。

小林　では、当時の総理大臣が、知識か決断力がなかったということですか？

伊藤　周りのブレーンですね。

小林　あの程度のことは現行法で対応できたということか。そういう意味では、戦争についてもすでに有事法制がある。

伊藤　そうなんですよ。だからもう有事法制があるんだから、それでいいんじゃないというのが私の考えです。

小林　だけど有事法制であれ災害対策基本法であれ、現象的には「人権の一時停止」なのだから、憲法上の根拠があったほうがいいのではないですか？

伊藤　立憲主義の観点から明確にしておいたほうがいい、というお考えですよね。

小林　明示するということに、やはり教育的効果があるのだと私は思いますね。

伊藤　明示していないから政治家がいいように使えてしまうんだと。先ほどのアフガンやイラクへの派兵と同じですね。だから、誰が見てもわかるように、「これはだめだ」ということをはっきり書いておけというのが小林先生のお考えだと思います。それはそれで筋が通っている。ただ、その意味でも、緊急事態条項を置くのであれば、権力を縛る歯止めになるべきですが、「その他の法律で定める緊急事態」という部分に分かりやすく表れているように、この九十八条の条文にはそれがないと私は思いますね。

立憲主義の教育についてどうすればいいか

編集部　各条項の検討をありがとうございました。ずっとお話を伺ってきて、立憲主義が実際に機能を発揮するかどうかというのは、条文のよしあしは当然としても、国民の主権者としての意識レベルにかかっているのだなあと痛感しました。

だけど一方で、現実には憲法教育のレベルが高くない、とくに立憲主義の教育がほとんどないのは問題だというお話が冒頭にありましたよね。

そこでお聞きしたいんですけど、立憲主義とは何ぞや、ということの核心はどこにあるのでしょうか。私たちは、どのように学べばいいのでしょうか。

小林　今までの日本の憲法教育で足りなかったのは、憲法は国民と国家のどちらに向けられているのかという認識です。憲法は国民を縛る道具ではなくて、国家を縛るものだという認識が足りなかった。

もうひとつ、人権の本質についても教えられてこなかったと思う。だから、「『人権』をやめて『国民の権利』に」などという声が出てくる。人権は誰かから与えられるものではなくて、生まれながらにもっているものです。そして、国家権力と人権とどっちが上にあるか。人の権利が上にあるんです。この位置関係が日本では理解されていない。アメリカでは「独立宣言」に書いてあるから教育も楽だけどね。

伊藤　そうですね。たぶんアメリカでは「独立宣言」は小学校からしっかりと勉強するでしょうからね。「どうしてこの国を作ったのか」という、国の基盤として、その原則がある。

あとは、もうひとつつけ加えると、個人の尊重、個人の尊厳ということ。一人ひとりの個を大切にする、一人ひとりみんな違っていいんだ、みんなそれぞれかけがいのない個性を持っていて、人と違うから人間なんだということ。

小林　日本人は島国の横並び民族だから、この、個性の尊重という感覚がないね。

伊藤　ないですねえ。とても希薄だと思います。

小林　ところが大陸国家はさ、もう異人種、異宗教、ごちゃごちゃだから、個人を尊重しないわけにはいかない世界じゃない。

伊藤　そう。それこそ、幼稚園に行ったら、子どもたちも肌の色が違ってたり、宗教が違ってたりするのがごく当たり前じゃないですか。日本はみな、同じような顔して、同じような格好させられて、まあそのなかで同調圧力を受けて、同じじゃなきゃダメといわれて育ちますからね。

だから、一人ひとりの個性が違っていい、違って当たり前、人と違うことはすごいことなんだ、仲良しクラブじゃない中に、じつは価値があるんだよ、ということを知ってほしいと思いますね。

小林　日本は自然環境に守られて、いわば2000年の鎖国状態に置かれてきた。これがそうした国民性をつくっちゃっているんですよ。だけどいま、急激に国が開かれているでしょう。だから、ちゃんと正しい情報を発信して、「人と違うことは、恥ずかしいことでも恐ろしいことでもないんだ。人はもともと違うんだ」ってことを教えなきゃいけないですよね。

伊藤　それがやっぱり立憲主義の教育の根本だと思います。

編集部　そういう意味では、これまでの護憲派の運動とか、憲法教育というのは、あまりにも平和主義に集中しすぎていたのかもしれませんね。

伊藤　結局、護憲派の人びとも、憲法をほんとうに大切にしようという意識が足りなかったと思うんです。立憲主義の価値とか、個人の尊重とか、人権という価値の大切さをきちんと受け止めてこなかった。そのあげく、憲法という言葉自体が手垢がついているように思われることになっちゃった。

編集部　あと、前文を検討しているとき、小林先生が「あんまり叩き過ぎちゃうと、相手が乗ってこないから」とおっしゃったでしょう。目からウロコでした。これまで立場の違う人の議論が少なすぎたのかもしれないと、考えさせられました。伊藤先生と小林先生の間で行われているような生き生きとした議論が、世の中全体でも行なわれていれば、民主主義って、もっと変わるでしょうね。

小林　議論の入口で叩きすぎちゃうと生産的な議論にならないんですよ。

伊藤　確かに議論の場につかない人たちが多いですよね。それでは民主主義とは言えないし、議論が鍛えられていかない。

小林　そうそう。だから実はいわゆる護憲派も望んでないんだよ。改憲派と討論することを。両方ともそう。

編集部　最後になりますが、今度の参院選でも、もし自民党が勝つとようなことになれば、選挙の後、やはり九十六条に手をつけて来ますかね。

小林　来ると思う。憲法審査会があるんだから。これはもう必ず来るものと覚悟して、受けて立つ準備をしなくちゃダメなんです。

だからこの本は国民教育のために価値

をもっていますよ。これ読まないで改憲議論に参加したら、あぶないですよって。

編集部　これから憲法改正について、国民一人ひとりが問われる段階が、秒読みで始まるということですね。

小林　もちろんすぐに憲法が変えられてしまうわけではなくて、最後には憲法改正国民投票があります。それに、伊藤先生も私も、なんらかの形で参考人に呼ばれると思います。九十六条の改憲発議を緩和することがどれだけ間違っているか、おおいに語るつもりです。そうしたら、バカでない限り、ハッとしますよ。議員も動揺し始めるでしょう。メディアを通じて九十六条改憲の問題点が報道されるようになれば、国民も問題に気づく。勝負はそこからですよ。

あとがき

小林　節

伊藤真先生は、私にとって、不思議で素敵な存在である。

今年、64歳の私は、35歳の助教授の時代から公然と改憲論を主張してきた。その間、10年ほど前、伊藤先生に出会うまで、いわゆる「護憲派」の人々で、私と正面から向かい合って討論に応じてくれた人物は一人もいなかった。

シンポジウム等の企画で、私がそれに参加すると知った場合、護憲派人士は、私の存在を理由に参加を拒否するか、他事を口実に参加を辞退した。たまに、私のことを知らない護憲派がシンポジウムに参加し、私と対決した場合、その日は挨拶も交わさずに別かれ、以後、どこかで同席しても視線が合わないことになった。

そのような状況のなかで、伊藤先生は、常にあの紳士的な態度を崩さず、争点から逃げず、私と向かい合ってくれる。だから、私は「伊藤真」という論客を（私より10歳も若いが）、心から尊敬している。

最近になって、私の改憲論が以前よりも自然に多くの人に理解されると実感できるようになってきたが、それは、主に、伊藤先生との対話によって、私自身が変わり、文字通り「護憲的改憲論」（現行憲法をよりよくするために改正するという立場）と自称するに相応しいものになってきたからなのだろう。そういう意味で、私は、伊藤先生に感謝もしている。

それはそれとして、今年の4月から6月、憲法をめぐる大論争が展開され、その結果、主権者国民が図らずも憲法意識に目覚めたことは良かった。いわば、怪我の功名である。

しかし、そのきっかけをつくった自民党・安倍政権は不謹慎である。

まず、主権者国民が、実際に国家権力を託された人間たち（つまり、政治家以外の公務員たち）を管理し、権力の濫用を防止するために考案された「憲法」という法典を使って、逆に国民を管理しようと企てている。論外である。

法典である憲法を用いて国民に道徳を強要しようとしている。これも論外である。

また、表現の自由は、それが自由と民主主義の基《もとい》であり、それは歴史的に常に権力者の目の敵《かたき》にされ、弾圧されたら脆《もろ》いために、それを「優越的人権」として大切に扱うことが世界の憲法常識であるが、あろうことか、自民党案では条文上それが劣位に扱われている。これも論外である。

さらに、自民党案では、自衛隊の海外派兵が「法律事項」（つまり、法律を作りさえすれば、自由に海外派兵が出来るということ）になっている。これでは、政権を握っている党派の意向で自由に海外派兵が出来ることになってしまう。かつてのイラクやアフガニスタンへの事実上の派兵（参戦）に対する報復としてアルジェリアで日本人が殺されたように、海外派兵は国家の命運に係わる重大な問題である。だから、海外派兵こそは、時の政府の思惑で簡単に実行できないように、憲法で厳格に条件を定めておくべき「憲法事項」であろう。この点でも自民党の憲法草案は論外である。

このように、自民党の憲法草案は、およそ憲法を書く前提としての基礎知識に欠ける人々が好き勝手に書いた、お粗末と言うよりも実に恐ろしい代物である。

おまけに、自分たちの「悪趣味」な憲法改正が、なかなか実現しないことに苛立った自民党は、九十六条が定める改憲の手続条件を緩和する「暴挙」まで提案している。

しかし、憲法は、国内最強の実力を託された者たちを、実は、紙に書かれた言葉だけで拘束しようとする基本法であるために、それが「最高法」であることの証として、法律などより改正し難い形式が与えられるものである。それが、世界の常識である。「硬性憲法」とは、憲法は法律より「加工し難い」硬いものだという意味である。

しかも、自民党は、自分たち権力者たちが改憲を提案しやすくすることはそれだけ国民投票の機会が増えることだから、憲法を国民の側に取り戻すことだなと手前勝手に意義づけている。しかし、自民党が企てていることは、憲法に拘束されている権力者たち（つまり自分たち）が、その拘束から解放されやすい状況をつくろうとしているだけである。

国民としては煩わしさが増すだけで迷惑である。昨今の世論調査を見ても、国民が、まず改憲論議はタブーでないとしても、何か特定の項目について、ぜひ改正して欲しいという意向が明確に示しているものはない。そのうえで、試合の前に参加者が自分に都合良くルールを変更しようとするような九十六条先行改正に、世論ははっきり反対している。この点でも、自民党は大いに反省してもらいたい。

今回の対談は、いわゆる護憲派と、いわゆる改憲派が、自民党の改憲草案を題材に、1対1で最後まで冷静に語り合ったもので、本としては唯一の図書である。だから、いわゆる護憲派の人にも、いわゆる改憲派の人にも安心して読んでもらえるはずだ。そのうえで、今、政権政党が具体的に何を計画しているかを知り、各人が主権者として態度（覚悟）を決める参考になるだろう。

私は、主権者の一人として、専門家として、自民党の改憲草案を読み返しているうちに、これは反憲法的なものであると確信し、声を上げざるを得なくなってしまった。そして、自ら進んで大きな論争に巻き込まれて行った。しかし、今、振り返ってみて、ここ2、3ヵ月の間に、主権者・国民の憲法に関する理解が深まったと実感できる。これは実に喜ばしいことである。今回、図らずも明らかになったように、私たちと同じく不完全な人間が預かる権力は、やはり、濫用されやすいものである。

あとがき

伊藤 真

憲法は、そこに守るべき価値を定めて国家権力に守らせ、それにより個人の尊重という憲法の究極の価値を実現するための装置です。これが立憲主義です。現行憲法は、「守るべき価値」として人権尊重主義、平和主義、国民主権主義を書き留めています。ところが自民党の改憲草案は、人権を縮小して義務を拡大し、戦争を含めた国の権力行使を容易にする一方、天皇を国の頂点に位置づけてその権威を利用することを狙っています。「個人の人権を守るために国家を縛るための憲法」から、自民党政治家が自分たちの作りたい国家を作るために、「国民を支配する道具としての憲法」に転換するものと言ってもよいでしょう。

今回、対談をご一緒させていただいた小林節先生の授業は、学生に厳しいことでも有名です。しかし、それは学生が社会人になったときに恥をかかないようにという学生への深い愛情ゆえのことだと理解しています。また、権力におもねることをせず、たとえ改憲派に対してであっても筋が通らないことには一切の妥協はありません。日本国憲法を大切に思い、自由と平和を愛する先生だからこそ護憲・改憲を問わず厳しい指摘をされるのです。先生とは、憲法上のいくつかの争点では「論敵」なのですが、先生との議論のなかから多くを学ばせて頂きました。とても感謝しています。そしてなによりも、立憲主義に関してはピタリと一致しているので安心して議論ができます。

これに対して自民党が示してくる改憲案は、毎度のように立憲主義が理解されていません。法曹養成に携わりはじめた30年以上前から、憲法の価値が個人の尊重（尊厳）にあり、憲法は国家を縛るための道具だと言い続けてきました。

15年ぐらい前からは、立憲主義のポイントを誰でも理解できるように、「法律と憲法では矢印の向きが逆だ」と説明してきました。法律は国民の権利を制限したり、義務を課する点で、国が国民に命令するものです。これに対して、憲法は、国民が国に命令するものです。誰を規律するための法かという点について、憲法と法律とは全く違うことを理解してもらおうと「矢印が逆だ」といってきたのです。

今回の自民党草案が、あまりに立憲主義を無視した内容だったおかげで、そのことがあちこちで話題になり、最近ではようやく立憲主義も一般の方に浸透しつつあります。憲法問題は生活に関わるわがことなのです。

日本国憲法は、英、米、仏などの近代立憲主義諸国の憲法の本流を引き継いでいます。英国のジョン・ロックによる「自然権思想」によれば、人は生まれながらに生命・自由・財産の権利、すなわち「自然権」をもっており、これを守るために、市民が契約によって政府をつくりあげました。そして、この契約による政府が正しく機能しないときには、市民はこれに抵抗する権利をもっていると考えます。「自然権」「契約による政府」「抵抗権」という３つ基本的な考え方から成り立つ、国民と国家の関係の説明の仕方です。これを初めて具体化したのが「アメリカ独立宣言」（１７７６年）です。

このように、政府の権力は国民からの委託にもとづくものですから、その権力を行使するときにも国民からの命令に拘束されることになります。この「命令書」にあたるものが憲法であり、この仕組みこそが立憲主義です。このように立憲主義は自然権思想とも密接に関連するものなのです。

さて、国王が横暴を働くおそれのある中世ならいざしらず、民主主義の現代において、なぜ立憲主義が必要なのでしょうか。

民主主義国家では、国民の多数意思に従って政治的なものごとが決められていきます。しかし、その多数意思が常に正しいとは限りません。ナポレオン帝政やナチスドイツ、国民の多数が熱狂的に戦争を支持した戦前の日本も、後から見れば誤りでした。イラクに大量破壊兵器があるという情報を信じたアメリカ国民は、当時のブッシュ大統領を支持しましたが、大量破壊兵器は見つかりませんでした。不正確な情報に踊らされ、ムードに流され、目先のことしか見えなくなり、冷静で正しい判断ができなくなる危険性が、私たちの社会にはいつも潜んでいるのです。

それを避けるためには、そのような人間の弱さに着目し、民主的な権力といえどもその行動に予め歯止めをかけておかなければなりません。その仕組みこそが憲法です。多数決で決めるべきこともあるけれども、多数決で決めてはいけないこともあります。そういう価値を前もって憲法に書き込み、それを国家権力に守らせるのです。それが立憲主義です。


立憲主義に対しては、いくつかの批判があります。

第1は、憲法は国家の基本法だから、文化や伝統、倫理、道徳などの国の形を示すことこそが憲法の本質だという主張です。しかし、憲法は、そこに国の形を書けばそのとおりに実現される魔法の杖ではありません。そもそも愛国心や家族を大切にする倫理的・道徳的な心情は、権力によって国民に押付けるものではなく、内心から湧き出る自発性こそが重要です。また、文化や伝統というものは人によって評価が違うので、それを権力によって強制すれば、違う考えの人々を排除し、憲法が国民統合の役割を果たさなくなってしまうでしょう。

第2は、自分たちの生まれ故郷となった国を敵として縛るのはおかしいという批判です。しかし、そもそも立憲主義が縛ろうとしているのは、〝country〟（生まれ故郷）ではなく、〝state〟とか〝government〟といわれるもの、言い換えれば、人為的に作った権力主体としての国の権力であり、具体的には国会や内閣、裁判所などの権限です。このような権力は、「ふるさと」のような自然と違い、国民の多数意思を拠りどころにして作られたものであるだけに、過ちを犯す危険があるのです。

第3に、立憲主義は、17、18世紀に重用された古い憲法観であり、ポストモダンの立憲主義は国民自身も直接的に公共の一翼を担うべきだとする主張です。しかし、人間がその弱さから権力を濫用するおそれがあることは、古いか新しいかという問題ではない真理です。それは民族や時代を超えて妥当する考えですから、仮に国民自身が公共の一翼を担うべきだとしても、そのことを憲法のバックボーンに据えることには論理の飛躍があると言わざるを得ないでしょう。

こうしてみると立憲主義はいま、危機的状況にあるとも言えますが、正面に据えて議論をすることにより、国民に深く浸透させるチャンスともいえます。この本を通じて立憲主義の理解を深め、多くの方々が憲法論議に加わることができれば幸いです。

日本国憲法改正草案

（現行憲法対照）

自由民主党

平成二十四年四月二十七日（決定）

○日本国憲法改正草案対照表

※ 主な（実質的な）修文事項については、ゴシックで表記

日本国憲法改正草案

目次

（前文）

日本国は、長い歴史と固有の文化を持ち、国民統合の象徴である天皇を戴《いただ》く国家であって、国民主権の下、立法、行政及び司法の三権分立に基づいて統治される。

我が国は、先の大戦による荒廃や幾多の大災害を乗り越えて発展し、今や国際社会において重要な地位を占めており、平和主義の下、諸外国との友好関係を増進し、世界の平和と繁栄に貢献する。

日本国民は、国と郷土を誇りと気概を持って自ら守り、基本的人権を尊重するとともに、和を尊び、家族や社会全体が互いに助け合って国家を形成する。

我々は、自由と規律を重んじ、美しい国土と自然環境を守りつつ、教育や科学技術を振興し、活力ある経済活動を通じて国を成長させる。

日本国民は、良き伝統と我々の国家を末永く子孫に継承するため、ここに、この憲法を制定する。

現行憲法

（前文）

日本国民は、正当に選挙された国会における代表者を通じて行動し、われらとわれらの子孫のために、諸国民との協和による成果と、わが国全土にわたつて自由のもたらす恵沢を確保し、政府の行為によつて再び戦争の惨禍が起ることのないやうにすることを決意し、ここに主権が国民に存することを宣言し、この憲法を確定する。そもそも国政は、国民の厳粛な信託によるものであつて、その権威は国民に由来し、その権力は国民の代表者がこれを行使し、その福利は国民がこれを享受する。これは人類普遍の原理であり、この憲法は、かかる原理に基くものである。われらは、これに反する一切の憲法、法令及び詔勅を排除する。

日本国民は、恒久の平和を念願し、人間相互の関係を支配する崇高な理想を深く自覚するのであつて、平和を愛する諸国民の公正と信義に信頼して、われらの安全と生存を保持しようと決意した。われらは、平和を維持し、専制と隷従、圧迫と偏狭を地上から永遠に

第一章　天皇

（天皇）

第一条　天皇は、日本国の元首であり、日本国及び日本国民統合の象徴であって、その地位は、主権の存する日本国民の総意に基づく。

（皇位の継承）

第二条　皇位は、世襲のものであって、国会の議決した皇室典範の定めるところにより、これを継承する。

（国旗及び国歌）

第三条　国旗は日章旗とし、国歌は君が代とする。

2　日本国民は、国旗及び国歌を尊重しなければならない。

（元号）

第四条　元号は、法律の定めるところにより、皇位の継承があったときに制定する。

（天皇の権能）

第五条　天皇は、この憲法に定める国事に関する行為を行い、国政に関する権能を有しない。

除去しようと努めてゐる国際社会において、名誉ある地位を占めたいと思ふ。われらは、全世界の国民が、ひとしく恐怖と欠乏から免かれ、平和のうちに生存する権利を有することを確認する。

われらは、いづれの国家も、自国のことのみに専念して他国を無視してはならないのであつて、政治道徳の法則は、普遍的なものであり、この法則に従ふことは、自国の主権を維持し、他国と対等関係に立たうとする各国の責務であると信ずる。

日本国民は、国家の名誉にかけ、全力をあげてこの崇高な理想と目的を達成することを誓ふ。

第一章　天皇

第一条　天皇は、日本国の象徴であり日本国民統合の象徴であつて、この地位は、主権の存する日本国民の総意に基く。

第二条　皇位は、世襲のものであつて、国会の議決した皇室典範の定めるところにより、これを継承する。

第三条　天皇の国事に関するすべての行為には、内閣の助言と承認を必要とし、内閣が、その責任を負ふ。

〔新設〕

〔新設〕

第四条　天皇は、この憲法の定める国事に関する行為のみを行ひ、国政に関する権能を有しない。

〔削除〕

〔削除〕

（天皇の国事行為等）

第六条　天皇は、国民のために、国会の指名に基づいて内閣総理大臣を任命し、内閣の指名に基づいて最高裁判所の長である裁判官を任命する。

2　天皇は、国民のために、次に掲げる国事に関する行為を行う。

一　憲法改正、法律、政令及び条約を公布すること。

二　国会を召集すること。

三　衆議院を解散すること。

四　衆議院議員の総選挙及び参議院議員の通常選挙の施行を公示すること。

五　国務大臣及び法律の定めるその他の国の公務員の任免を認証すること。

六　大赦、特赦、減刑、刑の執行の免除及び復権を認証すること。

七　栄典を授与すること。

八　全権委任状並びに大使及び公使の信任状並びに批准書及び法律の定めるその他の外交文書を認証すること。

九　外国の大使及び公使を接受すること。

十　儀式を行うこと。

3　天皇は、法律の定めるところにより、前二項の行為を委任することができる。

---

②　天皇は、法律の定めるところにより、その国事に関する行為を委任することができる。

第五条　皇室典範の定めるところにより摂政を置くときは、摂政は、天皇の名でその国事に関する行為を行ふ。この場合には、前条第一項の規定を準用する。

第六条　天皇は、国会の指名に基いて、内閣総理大臣を任命する。

②　天皇は、内閣の指名に基いて、最高裁判所の長たる裁判官を任命する。

第七条　天皇は、内閣の助言と承認により、国民のために、左の国事に関する行為を行ふ。

一　憲法改正、法律、政令及び条約を公布すること。

二　国会を召集すること。

三　衆議院を解散すること。

四　国会議員の総選挙の施行を公示すること。

五　国務大臣及び法律の定めるその他の官吏の任免並びに全権委任状及び大使及び公使の信任状を認証すること。

六　大赦、特赦、減刑、刑の執行の免除及び復権を認証すること。

七　栄典を授与すること。

八　批准書及び法律の定めるその他の外交文書を認証すること。

九　外国の大使及び公使を接受すること。

十　儀式を行ふこと。

第四条　（略）

②　天皇は、法律の定めるところにより、その国事に関する行為を委任することができる。

4　天皇の国事に関する全ての行為には、内閣の進言を必要とし、内閣がその責任を負う。ただし、衆議院の解散については、内閣総理大臣の進言による。

5　**第一項及び第二項に掲げるもののほか、天皇は、国又は地方自治体その他の公共団体が主催する式典への出席その他の公的な行為を行う。**

（摂政）

第七条　皇室典範の定めるところにより摂政を置くときは、摂政は、天皇の名で、その国事に関する行為を行う。

2　第五条及び前条第四項の規定は、摂政について準用する。

（皇室への財産の譲渡等の制限）

第八条　皇室に財産を譲り渡し、又は皇室が財産を譲り受け、若しくは賜与するには、法律で定める場合を除き、国会の承認を経なければならない。

第二章　安全保障

（平和主義）

第九条　日本国民は、正義と秩序を基調とする国際平和を誠実に希求し、国権の発動としての戦争を**放棄し**、武力による威嚇及び武力の行使は、国際紛争を解決する手段**としては用いない。**

2　**前項の規定は、自衛権の発動を妨げるものではない。**

（国防軍）

第九条の二　我が国の平和と独立並びに国及び国民の安全を確保するため、内閣総理大臣を最高指揮官とする国防軍を保持する。

2　国防軍は、前項の規定による任務を遂行する際は、法律の定めるところにより、国会の承認その他の統制に服する。

3　国防軍は、第一項に規定する任務を遂行するための活動のほか、法律の定めるところにより、国際社会の平和と安全を確保す

第三条　天皇の国事に関するすべての行為には、内閣の助言と承認を必要とし、内閣が、その責任を負ふ。

〔新設〕

第五条　皇室典範の定めるところにより摂政を置くときは、摂政は、天皇の名でその国事に関する行為を行ふ。この場合には、前条第一項の規定を準用する。

第八条　皇室に財産を譲り渡し、又は皇室が、財産を譲り受け、若しくは賜与することは、国会の議決に基かなければならない。

第二章　戦争の放棄

第九条　日本国民は、正義と秩序を基調とする国際平和を誠実に希求し、国権の発動たる戦争と、武力による威嚇又は武力の行使は、国際紛争を解決する手段としては、永久にこれを放棄する。

②　前項の目的を達するため、陸海空軍その他の戦力は、これを保持しない。国の交戦権は、これを認めない。

〔新設〕

るために国際的に協調して行われる活動及び公の秩序を維持し、又は国民の生命若しくは自由を守るための活動を行うことができる。

4　前二項に定めるもののほか、国防軍の組織、統制及び機密の保持に関する事項は、法律で定める。

5　国防軍に属する軍人その他の公務員がその職務の実施に伴う罪又は国防軍の機密に関する罪を犯した場合の裁判を行うため、法律の定めるところにより、国防軍に審判所を置く。この場合においては、被告人が裁判所へ上訴する権利は、保障されなければならない。

（領土等の保全等）

第九条の三　国は、主権と独立を守るため、国民と協力して、領土、領海及び領空を保全し、その資源を確保しなければならない。

第三章　国民の権利及び義務

（日本国民）

第十条　日本国民の要件は、法律で定める。

（基本的人権の享有）

第十一条　国民は、全ての基本的人権を享有する。この憲法が国民に保障する基本的人権は、侵すことのできない永久の権利である。

（国民の責務）

第十二条　この憲法が国民に保障する自由及び権利は、国民の不断の努力により、保持されなければならない。国民は、これを濫用してはならず、自由及び権利には責任及び義務が伴うことを自覚し、常に公益及び公の秩序に反してはならない。

（人としての尊重等）

第十三条　全て国民は、人として尊重される。生命、自由及び幸福

〔新設〕

第三章　国民の権利及び義務

第十条　日本国民たる要件は、法律でこれを定める。

第十一条　国民は、すべての基本的人権の享有を妨げられない。この憲法が国民に保障する基本的人権は、侵すことのできない永久の権利として、現在及び将来の国民に与へられる。

第十二条　この憲法が国民に保障する自由及び権利は、国民の不断の努力によつて、これを保持しなければならない。又、国民は、これを濫用してはならないのであつて、常に公共の福祉のためにこれを利用する責任を負ふ。

第十三条　すべて国民は、個人として尊重される。生命、自由及び

追求に対する国民の権利については、**公益及び公の秩序**に反しない限り、立法その他の国政の上で、最大限に尊重されなければならない。

（法の下の平等）

第十四条　全て国民は、法の下に平等であって、人種、信条、性別、**障害の有無**、社会的身分又は門地により、政治的、経済的又は社会的関係において、差別されない。

2　華族その他の貴族の制度は、認めない。

3　栄誉、勲章その他の栄典の授与は、現にこれを有し、又は将来これを受ける者の一代に限り、その効力を有する。

（公務員の選定及び罷免に関する権利等）

第十五条　公務員を選定し、及び罷免することは、主権の存する国民の権利である。

2　全て公務員は、全体の奉仕者であって、一部の奉仕者ではない。

3　公務員の選定を選挙により行う場合は、**日本国籍を有する**成年者による普通選挙の方法による。

4　選挙における投票の秘密は、侵されない。選挙人は、その選択に関し、公的にも私的にも責任を問われない。

（請願をする権利）

第十六条　何人も、損害の救済、公務員の罷免、法律、命令又は規則の制定、廃止又は改正その他の事項に関し、平穏に請願をする権利を有する。

2　請願をした者は、そのためにいかなる差別待遇も受けない。

（国等に対する賠償請求権）

第十七条　何人も、公務員の不法行為により損害を受けたときは、法律の定めるところにより、国又は地方自治体その他の公共団体

幸福追求に対する国民の権利については、公共の福祉に反しない限り、立法その他の国政の上で、最大の尊重を必要とする。

第十四条　すべて国民は、法の下に平等であつて、人種、信条、性別、社会的身分又は門地により、政治的、経済的又は社会的関係において、差別されない。

②　華族その他の貴族の制度は、これを認めない。

③　栄誉、勲章その他の栄典の授与は、いかなる特権も伴はない。栄典の授与は、現にこれを有し、又は将来これを受ける者の一代に限り、その効力を有する。

第十五条　公務員を選定し、及びこれを罷免することは、国民固有の権利である。

②　すべて公務員は、全体の奉仕者であつて、一部の奉仕者ではない。

③　公務員の選挙については、成年者による普通選挙を保障する。

④　すべて選挙における投票の秘密は、これを侵してはならない。選挙人は、その選択に関し公的にも私的にも責任を問はれない。

第十六条　何人も、損害の救済、公務員の罷免、法律、命令又は規則の制定、廃止又は改正その他の事項に関し、平穏に請願する権利を有し、何人も、かかる請願をしたためにいかなる差別待遇も受けない。

第十七条　何人も、公務員の不法行為により、損害を受けたときは、法律の定めるところにより、国又は公共団体に、その賠償を求め

に、その賠償を求めることができる。

（身体の拘束及び苦役からの自由）

第十八条　何人も、その意に反すると否とにかかわらず、社会的又は経済的関係において身体を拘束されない。

2　何人も、犯罪による処罰の場合を除いては、その意に反する苦役に服させられない。

（思想及び良心の自由）

第十九条　思想及び良心の自由は、保障する。

（個人情報の不当取得の禁止等）

第十九条の二　何人も、個人に関する情報を不当に取得し、保有し、又は利用してはならない。

（信教の自由）

第二十条　信教の自由は、保障する。国は、いかなる宗教団体に対しても、特権を与えてはならない。

2　何人も、宗教上の行為、祝典、儀式又は行事に参加することを強制されない。

3　国及び地方自治体その他の公共団体は、特定の宗教のための教育その他の宗教的活動をしてはならない。ただし、社会的儀礼又は習俗的行為の範囲を超えないものについては、この限りでない。

（表現の自由）

第二十一条　集会、結社及び言論、出版その他一切の表現の自由は、保障する。

2　前項の規定にかかわらず、公益及び公の秩序を害することを目的とした活動を行い、並びにそれを目的として結社をすることは、認められない。

ることができる。

第十八条　何人も、いかなる奴隷的拘束も受けない。又、犯罪に因る処罰の場合を除いては、その意に反する苦役に服させられない。

第十九条　思想及び良心の自由は、これを侵してはならない。

〔新設〕

第二十条　信教の自由は、何人に対してもこれを保障する。いかなる宗教団体も、国から特権を受け、又は政治上の権力を行使してはならない。

②　何人も、宗教上の行為、祝典、儀式又は行事に参加することを強制されない。

③　国及びその機関は、宗教教育その他いかなる宗教的活動もしてはならない。

第二十一条　集会、結社及び言論、出版その他一切の表現の自由は、これを保障する。

〔新設〕

3　検閲は、してはならない。通信の秘密は、侵してはならない。

（国政上の行為に関する説明の責務）

第二十一条の二　国は、国政上の行為につき国民に説明する責務を負う。

（居住、移転及び職業選択等の自由等）

第二十二条　何人も、居住、移転及び職業選択の自由を有する。

2　全て国民は、外国に移住し、又は国籍を離脱する自由を有する。

（学問の自由）

第二十三条　学問の自由は、保障する。

（家族、婚姻等に関する基本原則）

第二十四条　**家族は、社会の自然かつ基礎的な単位として、尊重される。家族は、互いに助け合わなければならない。**

2　婚姻は、両性の合意に基づいて成立し、夫婦が同等の権利を有することを基本として、相互の協力により、維持されなければならない。

3　家族、扶養、後見、婚姻及び離婚、財産権、相続並びに親族に関するその他の事項に関しては、法律は、個人の尊厳と両性の本質的平等に立脚して、制定されなければならない。

（生存権等）

第二十五条　全て国民は、健康で文化的な最低限度の生活を営む権利を有する。

2　国は、国民生活のあらゆる側面において、社会福祉、社会保障及び公衆衛生の向上及び増進に努めなければならない。

（環境保全の責務）

第二十五条の二　国は、国民と協力して、国民が良好な環境を享受

---

②　検閲は、これをしてはならない。通信の秘密は、これを侵してはならない。

〔新設〕

第二十二条　何人も、公共の福祉に反しない限り、居住、移転及び職業選択の自由を有する。

②　何人も、外国に移住し、又は国籍を離脱する自由を侵されない。

第二十三条　学問の自由は、これを保障する。

〔新設〕

第二十四条　婚姻は、両性の合意のみに基いて成立し、夫婦が同等の権利を有することを基本として、相互の協力により、維持されなければならない。

②　配偶者の選択、財産権、相続、住居の選定、離婚並びに婚姻及び家族に関するその他の事項に関しては、法律は、個人の尊厳と両性の本質的平等に立脚して、制定されなければならない。

第二十五条　すべて国民は、健康で文化的な最低限度の生活を営む権利を有する。

②　国は、すべての生活部面について、社会福祉、社会保障及び公衆衛生の向上及び増進に努めなければならない。

〔新設〕

することができるようにその保全に努めなければならない。

（在外国民の保護）

第二十五条の三　国は、国外において緊急事態が生じたときは、在外国民の保護に努めなければならない。

（犯罪被害者等への配慮）

第二十五条の四　国は、犯罪被害者及びその家族の人権及び処遇に配慮しなければならない。

（教育に関する権利及び義務等）

第二十六条　全て国民は、法律の定めるところにより、その能力に応じて、等しく教育を受ける権利を有する。

2　全て国民は、法律の定めるところにより、その保護する子に普通教育を受けさせる義務を負う。義務教育は、無償とする。

3　国は、教育が国の未来を切り拓《ひら》く上で欠くことのできないものであることに鑑み、教育環境の整備に努めなければならない。

（勤労の権利及び義務等）

第二十七条　全て国民は、勤労の権利を有し、義務を負う。

2　賃金、就業時間、休息その他の勤労条件に関する基準は、法律で定める。

3　何人も、児童を酷使してはならない。

（勤労者の団結権等）

第二十八条　勤労者の団結する権利及び団体交渉その他の団体行動をする権利は、保障する。

2　公務員については、全体の奉仕者であることに鑑み、法律の定めるところにより、前項に規定する権利の全部又は一部を制限することができる。この場合においては、公務員の勤労条件を改善するため、必要な措置が講じられなければならない。

〔新設〕

〔新設〕

第二十六条　すべて国民は、法律の定めるところにより、その能力に応じて、ひとしく教育を受ける権利を有する。

②　すべて国民は、法律の定めるところにより、その保護する子女に普通教育を受けさせる義務を負ふ。義務教育は、これを無償とする。

〔新設〕

第二十七条　すべて国民は、勤労の権利を有し、義務を負ふ。

②　賃金、就業時間、休息その他の勤労条件に関する基準は、法律でこれを定める。

③　児童は、これを酷使してはならない。

第二十八条　勤労者の団結する権利及び団体交渉その他の団体行動をする権利は、これを保障する。

〔新設〕

（財産権）
第二十九条　財産権は、保障する。
2　財産権の内容は、公益及び公の秩序に適合するように、法律で定める。**この場合において、知的財産権については、国民の知的創造力の向上に資するように配慮しなければならない。**
3　私有財産は、正当な補償の下に、公共のために用いることができる。

（納税の義務）
第三十条　国民は、法律の定めるところにより、納税の義務を負う。

（適正手続の保障）
第三十一条　何人も、法律の定める適正な手続によらなければ、その生命若しくは自由を奪われ、又はその他の刑罰を科せられない。

（裁判を受ける権利）
第三十二条　何人も、裁判所において裁判を受ける権利を有する。

（逮捕に関する手続の保障）
第三十三条　何人も、現行犯として逮捕される場合を除いては、裁判官が発し、かつ、理由となっている犯罪を明示する令状によらなければ、逮捕されない。

（抑留及び拘禁に関する手続の保障）
第三十四条　何人も、正当な理由がなく、若しくは理由を直ちに告げられることなく、又は直ちに弁護人に依頼する権利を与えられることなく、抑留され、又は拘禁されない。
2　拘禁された者は、拘禁の理由を直ちに本人及びその弁護人の出席する公開の法廷で示すことを求める権利を有する。

第二十九条　財産権は、これを侵してはならない。
②　財産権の内容は、公共の福祉に適合するやうに、法律でこれを定める。
③　私有財産は、正当な補償の下に、これを公共のために用ひることができる。

第三十条　国民は、法律の定めるところにより、納税の義務を負ふ。

第三十一条　何人も、法律の定める手続によらなければ、その生命若しくは自由を奪はれ、又はその他の刑罰を科せられない。

第三十二条　何人も、裁判所において裁判を受ける権利を奪はれない。

第三十三条　何人も、現行犯として逮捕される場合を除いては、権限を有する司法官憲が発し、且つ理由となつてゐる犯罪を明示する令状によらなければ、逮捕されない。

第三十四条　何人も、理由を直ちに告げられ、且つ、直ちに弁護人に依頼する権利を与へられなければ、抑留又は拘禁されない。又、何人も、正当な理由がなければ、拘禁されず、要求があれば、その理由は、直ちに本人及びその弁護人の出席する公開の法廷で示されなければならない。

（住居等の不可侵）
第三十五条　何人も、正当な理由に基づいて発せられ、かつ、捜索する場所及び押収する物を明示する令状によらなければ、住居その他の場所、書類及び所持品について、侵入、捜索又は押収を受けない。ただし、第三十三条の規定により逮捕される場合は、この限りでない。
2　前項本文の規定による捜索又は押収は、裁判官が発する各別の令状によって行う。

（拷問及び残虐な刑罰の禁止）
第三十六条　公務員による拷問及び残虐な刑罰は、禁止する。

（刑事被告人の権利）
第三十七条　全て刑事事件においては、被告人は、公平な裁判所の迅速な公開裁判を受ける権利を有する。
2　被告人は、全ての証人に対して審問する機会を十分に与えられる権利及び公費で自己のために強制的手続により証人を求める権利を有する。
3　被告人は、いかなる場合にも、資格を有する弁護人を依頼することができる。被告人が自らこれを依頼することができないときは、国でこれを付する。

（刑事事件における自白等）
第三十八条　何人も、自己に不利益な供述を強要されない。
2　拷問、脅迫その他の強制による自白又は不当に長く抑留され、若しくは拘禁された後の自白は、証拠とすることができない。
3　何人も、自己に不利益な唯一の証拠が本人の自白である場合には、有罪とされない。

（遡及処罰等の禁止）
第三十九条　何人も、実行の時に違法ではなかった行為又は既に無

第三十五条　何人も、その住居、書類及び所持品について、侵入、捜索及び押収を受けることのない権利は、第三十三条の場合を除いては、正当な理由に基いて発せられ、且つ捜索する場所及び押収する物を明示する令状がなければ、侵されない。
②　捜索又は押収は、権限を有する司法官憲が発する各別の令状により、これを行ふ。

第三十六条　公務員による拷問及び残虐な刑罰は、絶対にこれを禁ずる。

第三十七条　すべて刑事事件においては、被告人は、公平な裁判所の迅速な公開裁判を受ける権利を有する。
②　刑事被告人は、すべての証人に対して審問する機会を充分に与へられ、又、公費で自己のために強制的手続により証人を求める権利を有する。
③　刑事被告人は、いかなる場合にも、資格を有する弁護人を依頼することができる。被告人が自らこれを依頼することができないときは、国でこれを附する。

第三十八条　何人も、自己に不利益な供述を強要されない。
②　強制、拷問若しくは脅迫による自白又は不当に長く抑留若しくは拘禁された後の自白は、これを証拠とすることができない。
③　何人も、自己に不利益な唯一の証拠が本人の自白である場合には、有罪とされ、又は刑罰を科せられない。

第三十九条　何人も、実行の時に適法であつた行為又は既に無罪と

罪とされた行為については、刑事上の責任を問われない。同一の犯罪については、重ねて刑事上の責任を問われない。

（刑事補償を求める権利）
第四十条　何人も、抑留され、又は拘禁された後、裁判の結果無罪となったときは、法律の定めるところにより、国にその補償を求めることができる。

第四章　国会

（国会と立法権）
第四十一条　国会は、国権の最高機関であって、国の唯一の立法機関である。

（両議院）
第四十二条　国会は、衆議院及び参議院の両議院で構成する。

（両議院の組織）
第四十三条　両議院は、全国民を代表する選挙された議員で組織する。
2　両議院の議員の定数は、法律で定める。

（議員及び選挙人の資格）
第四十四条　両議院の議員及びその選挙人の資格は、法律で定める。この場合においては、人種、信条、性別、**障害の有無**、社会的身分、門地、教育、財産又は収入によって差別してはならない。

（衆議院議員の任期）
第四十五条　衆議院議員の任期は、四年とする。ただし、衆議院が解散された場合には、その期間満了前に終了する。

（参議院議員の任期）
第四十六条　参議院議員の任期は、六年とし、三年ごとに議員の半

された行為については、刑事上の責任を問はれない。又、同一の犯罪について、重ねて刑事上の責任を問はれない。

第四十条　何人も、抑留又は拘禁された後、無罪の裁判を受けたときは、法律の定めるところにより、国にその補償を求めることができる。

第四章　国会

第四十一条　国会は、国権の最高機関であつて、国の唯一の立法機関である。

第四十二条　国会は、衆議院及び参議院の両議院でこれを構成する。

第四十三条　両議院は、全国民を代表する選挙された議員でこれを組織する。
②　両議院の議員の定数は、法律でこれを定める。

第四十四条　両議院の議員及びその選挙人の資格は、法律でこれを定める。但し、人種、信条、性別、社会的身分、門地、教育、財産又は収入によつて差別してはならない。

第四十五条　衆議院議員の任期は、四年とする。但し、衆議院解散の場合には、その期間満了前に終了する。

第四十六条　参議院議員の任期は、六年とし、三年ごとに議員の半

数を改選する。

（選挙に関する事項）
第四十七条　選挙区、投票の方法その他両議院の議員の選挙に関する事項は、法律で定める。**この場合においては、各選挙区は、人口を基本とし、行政区画、地勢等を総合的に勘案して定めなければならない。**

（両議院議員兼職の禁止）
第四十八条　何人も、同時に両議院の議員となることはできない。

（議員の歳費）
第四十九条　両議院の議員は、法律の定めるところにより、国庫から相当額の歳費を受ける。

（議員の不逮捕特権）
第五十条　両議院の議員は、法律の定める場合を除いては、国会の会期中逮捕されず、会期前に逮捕された議員は、その議院の要求があるときは、会期中釈放しなければならない。

（議員の免責特権）
第五十一条　両議院の議員は、議院で行った演説、討論又は表決について、院外で責任を問われない。

（通常国会）
第五十二条　通常国会は、毎年一回召集される。
2　通常国会の会期は、法律で定める。

（臨時国会）
第五十三条　内閣は、臨時国会の召集を決定することができる。いずれかの議院の総議員の四分の一以上の要求があったときは、**要求があった日から二十日以内に臨時国会が召集され**なければならない。

数を改選する。

第四十七条　選挙区、投票の方法その他両議院の議員の選挙に関する事項は、法律でこれを定める。

第四十八条　何人も、同時に両議院の議員たることはできない。

第四十九条　両議院の議員は、法律の定めるところにより、国庫から相当額の歳費を受ける。

第五十条　両議院の議員は、法律の定める場合を除いては、国会の会期中逮捕されず、会期前に逮捕された議員は、その議院の要求があれば、会期中これを釈放しなければならない。

第五十一条　両議院の議員は、議院で行つた演説、討論又は表決について、院外で責任を問はれない。

第五十二条　国会の常会は、毎年一回これを召集する。
〔新設〕

第五十三条　内閣は、国会の臨時会の召集を決定することができる。いづれかの議院の総議員の四分の一以上の要求があれば、内閣は、その召集を決定しなければならない。

（衆議院の解散と衆議院議員の総選挙、特別国会及び参議院の緊急集会）
第五十四条　**衆議院の解散は、内閣総理大臣が決定する。**
2　衆議院が解散されたときは、解散の日から四十日以内に、衆議院議員の総選挙を行い、その選挙の日から三十日以内に、特別国会が召集されなければならない。
3　衆議院が解散されたときは、参議院は、同時に閉会となる。ただし、内閣は、国に緊急の必要があるときは、参議院の緊急集会を求めることができる。
4　前項ただし書の緊急集会において採られた措置は、臨時のものであって、次の国会開会の後十日以内に、衆議院の同意がない場合には、その効力を失う。

（議員の資格審査）
第五十五条　両議院は、各々その議員の資格に関し争いがあるときは、これについて審査し、議決する。ただし、議員の議席を失わせるには、出席議員の三分の二以上の多数による議決を必要とする。

（表決及び定足数）
第五十六条　両議院の議事は、この憲法に特別の定めのある場合を除いては、出席議員の過半数で決し、可否同数のときは、議長の決するところによる。
2　**両議院の議決は、各々その総議員の三分の一以上の出席がなければすることができない。**

（会議及び会議録の公開等）
第五十七条　両議院の会議は、公開しなければならない。ただし、出席議員の三分の二以上の多数で議決したときは、秘密会を開くことができる。
2　両議院は、各々その会議の記録を保存し、秘密会の記録の中で

〔新設〕
第五十四条　衆議院が解散されたときは、解散の日から四十日以内に、衆議院議員の総選挙を行ひ、その選挙の日から三十日以内に、国会を召集しなければならない。
②　衆議院が解散されたときは、参議院は、同時に閉会となる。但し、内閣は、国に緊急の必要があるときは、参議院の緊急集会を求めることができる。
③　前項但書の緊急集会において採られた措置は、臨時のものであつて、次の国会開会の後十日以内に、衆議院の同意がない場合には、その効力を失ふ。

第五十五条　両議院は、各々その議員の資格に関する争訟を裁判する。但し、議員の議席を失はせるには、出席議員の三分の二以上の多数による議決を必要とする。

第五十六条　両議院は、各々その総議員の三分の一以上の出席がなければ、議事を開き議決することができない。
②　両議院の議事は、この憲法に特別の定のある場合を除いては、出席議員の過半数でこれを決し、可否同数のときは、議長の決するところによる。

第五十七条　両議院の会議は、公開とする。但し、出席議員の三分の二以上の多数で議決したときは、秘密会を開くことができる。
②　両議院は、各々その会議の記録を保存し、秘密会の記録の中で

特に秘密を要すると認められるものを除き、これを公表し、かつ、一般に頒布しなければならない。

3| 出席議員の五分の一以上の要求があるときは、各議員の表決を会議録に記載しなければならない。

(役員の選任並びに議院規則及び懲罰)

第五十八条　両議院は、各々その議長その他の役員を選任する。

2| 両議院は、各々その会議その他の手続及び内部の規律に関する規則を定め、並びに院内の秩序を乱した議員を懲罰することができる。ただし、議員を除名するには、出席議員の三分の二以上の多数による議決を必要とする。

(法律案の議決及び衆議院の優越)

第五十九条　法律案は、この憲法に特別の定めのある場合を除いては、両議院で可決したとき法律となる。

2| 衆議院で可決し、参議院でこれと異なった議決をした法律案は、衆議院で出席議員の三分の二以上の多数で再び可決したときは、法律となる。

3| 前項の規定は、法律の定めるところにより、衆議院が両議院の協議会を開くことを求めることを妨げない。

4| 参議院が、衆議院の可決した法律案を受け取った後、国会休会中の期間を除いて六十日以内に、議決しないときは、衆議院は、参議院がその法律案を否決したものとみなすことができる。

(予算案の議決等に関する衆議院の優越)

第六十条　予算案は、先に衆議院に提出しなければならない。

2| 予算案について、参議院で衆議院と異なった議決をした場合において、法律の定めるところにより、両議院の協議会を開いても意見が一致しないとき、又は参議院が、衆議院の可決した予算案を受け取った後、国会休会中の期間を除いて三十日以内に、議決しないときは、衆議院の議決を国会の議決とする。

(条約の承認に関する衆議院の優越)

特に秘密を要すると認められるもの以外は、これを公表し、且つ一般に頒布しなければならない。

③ 出席議員の五分の一以上の要求があれば、各議員の表決は、これを会議録に記載しなければならない。

第五十八条　両議院は、各々その議長その他の役員を選任する。

② 両議院は、各々その会議その他の手続及び内部の規律に関する規則を定め、又、院内の秩序をみだした議員を懲罰することができる。但し、議員を除名するには、出席議員の三分の二以上の多数による議決を必要とする。

第五十九条　法律案は、この憲法に特別の定のある場合を除いては、両議院で可決したとき法律となる。

② 衆議院で可決し、参議院でこれと異なつた議決をした法律案は、衆議院で出席議員の三分の二以上の多数で再び可決したときは、法律となる。

③ 前項の規定は、法律の定めるところにより、衆議院が、両議院の協議会を開くことを求めることを妨げない。

④ 参議院が、衆議院の可決した法律案を受け取つた後、国会休会中の期間を除いて六十日以内に、議決しないときは、衆議院は、参議院がその法律案を否決したものとみなすことができる。

第六十条　予算は、さきに衆議院に提出しなければならない。

② 予算について、参議院で衆議院と異なつた議決をした場合に、法律の定めるところにより、両議院の協議会を開いても意見が一致しないとき、又は参議院が、衆議院の可決した予算を受け取つた後、国会休会中の期間を除いて三十日以内に、議決しないときは、衆議院の議決を国会の議決とする。

第六十一条　条約の締結に必要な国会の承認については、前条第二項の規定を準用する。

（議院の国政調査権）

第六十二条　両議院は、各々国政に関する調査を行い、これに関して、証人の出頭及び証言並びに記録の提出を要求することができる。

（内閣総理大臣等の議院出席の権利及び義務）

第六十三条　内閣総理大臣及びその他の国務大臣は、議案について発言するため両議院に出席することができる。

2　内閣総理大臣及びその他の国務大臣は、答弁又は説明のため議院から出席を求められたときは、出席しなければならない。**ただし、職務の遂行上特に必要がある場合は、この限りでない。**

（弾劾裁判所）

第六十四条　国会は、罷免の訴追を受けた裁判官を裁判するため、両議院の議員で組織する弾劾裁判所を設ける。

2　弾劾に関する事項は、法律で定める。

（政党）

第六十四条の二　国は、政党が議会制民主主義に不可欠の存在であることに鑑み、その活動の公正の確保及びその健全な発展に努めなければならない。

2　政党の政治活動の自由は、保障する。

3　前二項に定めるもののほか、政党に関する事項は、法律で定める。

第五章　内閣

（内閣と行政権）

第六十一条　条約の締結に必要な国会の承認については、前条第二項の規定を準用する。

第六十二条　両議院は、各々国政に関する調査を行ひ、これに関して、証人の出頭及び証言並びに記録の提出を要求することができる。

第六十三条　内閣総理大臣その他の国務大臣は、両議院の一に議席を有すると有しないとにかかはらず、何時でも議案について発言するため議院に出席することができる。又、答弁又は説明のため出席を求められたときは、出席しなければならない。

第六十四条　国会は、罷免の訴追を受けた裁判官を裁判するため、両議院の議員で組織する弾劾裁判所を設ける。

②　弾劾に関する事項は、法律でこれを定める。

〔新設〕

第五章　内閣

第六十五条　行政権は、**この憲法に特別の定めのある場合を除き**、内閣に属する。

（内閣の構成及び国会に対する責任）

第六十六条　内閣は、法律の定めるところにより、その首長である内閣総理大臣及びその他の国務大臣で構成する。

２　内閣総理大臣及び全ての国務大臣は、**現役の軍人であってはならない**。

３　内閣は、行政権の行使について、国会に対し連帯して責任を負う。

（内閣総理大臣の指名及び衆議院の優越）

第六十七条　内閣総理大臣は、国会議員の中から国会が指名する。

２　国会は、他の全ての案件に先立って、内閣総理大臣の指名を行わなければならない。

３　衆議院と参議院とが異なった指名をした場合において、法律の定めるところにより、両議院の協議会を開いても意見が一致しないとき、又は衆議院が指名をした後、国会休会中の期間を除いて十日以内に、参議院が指名をしないときは、衆議院の指名を国会の指名とする。

（国務大臣の任免）

第六十八条　内閣総理大臣は、国務大臣を任命する。この場合においては、その過半数は、国会議員の中から任命しなければならない。

２　内閣総理大臣は、任意に国務大臣を罷免することができる。

（内閣の不信任と総辞職）

第六十九条　内閣は、衆議院が不信任の決議案を可決し、又は信任の決議案を否決したときは、十日以内に衆議院が解散されない限り、総辞職をしなければならない。

第六十五条　行政権は、内閣に属する。

第六十六条　内閣は、法律の定めるところにより、その首長たる内閣総理大臣及びその他の国務大臣でこれを組織する。

②　内閣総理大臣その他の国務大臣は、文民でなければならない。

③　内閣は、行政権の行使について、国会に対し連帯して責任を負ふ。

第六十七条　内閣総理大臣は、国会議員の中から国会の議決で、これを指名する。この指名は、他のすべての案件に先だつて、これを行ふ。

②　衆議院と参議院とが異なつた指名の議決をした場合に、法律の定めるところにより、両議院の協議会を開いても意見が一致しないとき、又は衆議院が指名の議決をした後、国会休会中の期間を除いて十日以内に、参議院が、指名の議決をしないときは、衆議院の議決を国会の議決とする。

第六十八条　内閣総理大臣は、国務大臣を任命する。但し、その過半数は、国会議員の中から選ばれなければならない。

②　内閣総理大臣は、任意に国務大臣を罷免することができる。

第六十九条　内閣は、衆議院で不信任の決議案を可決し、又は信任の決議案を否決したときは、十日以内に衆議院が解散されない限り、総辞職をしなければならない。

（内閣総理大臣が欠けたとき等の内閣の総辞職等）

第七十条　内閣総理大臣が欠けたとき、又は衆議院議員の総選挙の後に初めて国会の召集があったときは、内閣は、総辞職をしなければならない。

2　**内閣総理大臣が欠けたとき、その他これに準ずる場合として法律で定めるときは、内閣総理大臣があらかじめ指定した国務大臣が、臨時に、その職務を行う。**

（総辞職後の内閣）

第七十一条　前二条の場合には、内閣は、新たに内閣総理大臣が任命されるまでの間は、引き続き、その職務を行う。

（内閣総理大臣の職務）

第七十二条　内閣総理大臣は、行政各部を**指揮監督し、その総合調整を行う。**

2　内閣総理大臣は、内閣を代表して、議案を国会に提出し、並びに一般国務及び外交関係について国会に報告する。

3　**内閣総理大臣は、最高指揮官として、国防軍を統括する。**

（内閣の職務）

第七十三条　内閣は、他の一般行政事務のほか、次に掲げる事務を行う。

一　法律を誠実に執行し、国務を総理すること。

二　外交関係を処理すること。

三　条約を締結すること。ただし、事前に、やむを得ない場合は事後に、国会の承認を経ることを必要とする。

四　法律の定める基準に従い、国の公務員に関する事務をつかさどること。

五　**予算案及び法律案**を作成して国会に提出すること。

六　法律の規定に基づき、政令を制定すること。ただし、政令には、特にその法律の委任がある場合を除いては、**義務を課し、**

第七十条　内閣総理大臣が欠けたとき、又は衆議院議員総選挙の後に初めて国会の召集があつたときは、内閣は、総辞職をしなければならない。

〔新設〕

第七十一条　前二条の場合には、内閣は、あらたに内閣総理大臣が任命されるまで引き続きその職務を行ふ。

第七十二条　内閣総理大臣は、内閣を代表して議案を国会に提出し、一般国務及び外交関係について国会に報告し、並びに行政各部を指揮監督する。

〔新設〕

〔新設〕

第七十三条　内閣は、他の一般行政事務の外、左の事務を行ふ。

一　法律を誠実に執行し、国務を総理すること。

二　外交関係を処理すること。

三　条約を締結すること。但し、事前に、時宜によつては事後に、国会の承認を経ることを必要とする。

四　法律の定める基準に従ひ、官吏に関する事務を掌理すること。

五　予算を作成して国会に提出すること。

六　この憲法及び法律の規定を実施するために、政令を制定すること。但し、政令には、特にその法律の委任がある場合を除い

又は権利を制限する規定を設けることができない。

七　大赦、特赦、減刑、刑の執行の免除及び復権を決定すること。

（法律及び政令への署名）

第七十四条　法律及び政令には、全て主任の国務大臣が署名し、内閣総理大臣が連署することを必要とする。

（国務大臣の不訴追特権）

第七十五条　国務大臣は、その在任中、内閣総理大臣の同意がなければ、公訴を提起されない。ただし、国務大臣でなくなった後に、公訴を提起することを妨げない。

第六章　司法

（裁判所と司法権）

第七十六条　全て司法権は、最高裁判所及び法律の定めるところにより設置する下級裁判所に属する。

2　特別裁判所は、設置することができない。行政機関は、最終的な上訴審として裁判を行うことができない。

3　全て裁判官は、その良心に従い独立してその職権を行い、この憲法及び法律にのみ拘束される。

（最高裁判所の規則制定権）

第七十七条　最高裁判所は、裁判に関する手続、弁護士、裁判所の内部規律及び司法事務処理に関する事項について、規則を定める権限を有する。

2　検察官、弁護士その他の裁判に関わる者は、最高裁判所の定める規則に従わなければならない。

3　最高裁判所は、下級裁判所に関する規則を定める権限を、下級裁判所に委任することができる。

（裁判官の身分保障）

第七十八条　裁判官は、次条第三項に規定する場合及び心身の故障

ては、罰則を設けることができない。

七　大赦、特赦、減刑、刑の執行の免除及び復権を決定すること。

第七十四条　法律及び政令には、すべて主任の国務大臣が署名し、内閣総理大臣が連署することを必要とする。

第七十五条　国務大臣は、その在任中、内閣総理大臣の同意がなければ、訴追されない。但し、これがため、訴追の権利は、害されない。

第六章　司法

第七十六条　すべて司法権は、最高裁判所及び法律の定めるところにより設置する下級裁判所に属する。

②　特別裁判所は、これを設置することができない。行政機関は、終審として裁判を行ふことができない。

③　すべて裁判官は、その良心に従ひ独立してその職権を行ひ、この憲法及び法律にのみ拘束される。

第七十七条　最高裁判所は、訴訟に関する手続、弁護士、裁判所の内部規律及び司法事務処理に関する事項について、規則を定める権限を有する。

②　検察官は、最高裁判所の定める規則に従はなければならない。

③　最高裁判所は、下級裁判所に関する規則を定める権限を、下級裁判所に委任することができる。

第七十八条　裁判官は、裁判により、心身の故障のために職務を執

のために職務を執ることができないと裁判により決定された場合を除いては、第六十四条第一項の規定による裁判によらなければ罷免されない。行政機関は、裁判官の懲戒処分を行うことができない。

（最高裁判所の裁判官）

第七十九条　最高裁判所は、その長である裁判官及び法律の定める員数のその他の裁判官で構成し、最高裁判所の長である裁判官以外の裁判官は、内閣が任命する。

2　最高裁判所の裁判官は、その任命後、**法律の定めるところにより、国民の審査を受けなければならない。**

3　前項の審査において罷免すべきとされた裁判官は、罷免される。

4　〔削除〕

5　最高裁判所の裁判官は、法律の定める年齢に達した時に退官する。

最高裁判所の裁判官は、全て定期に相当額の報酬を受ける。この報酬は、在任中、**分限又は懲戒による場合及び一般の公務員の例による場合を除き、**減額できない。

（下級裁判所の裁判官）

第八十条　下級裁判所の裁判官は、最高裁判所の指名した者の名簿によって、内閣が任命する。その裁判官は、**法律の定める任期を限って任命され、**再任されることができる。ただし、法律の定める年齢に達した時には、退官する。

2　**前条第五項の規定は、下級裁判所の裁判官の報酬について準用する。**

（法令審査権と最高裁判所）

第八十一条　最高裁判所は、一切の法律、命令、規則又は処分が憲法に適合するかしないかを決定する権限を有する最終的な上訴

ることができないと決定された場合を除いては、公の弾劾によらなければ罷免されない。裁判官の懲戒処分は、行政機関がこれを行ふことはできない。

第七十九条　最高裁判所は、その長たる裁判官及び法律の定める員数のその他の裁判官でこれを構成し、その長たる裁判官以外の裁判官は、内閣でこれを任命する。

②　最高裁判所の裁判官の任命は、その任命後初めて行はれる衆議院議員総選挙の際国民の審査に付し、その後十年を経過した後初めて行はれる衆議院議員総選挙の際更に審査に付し、その後も同様とする。

③　前項の場合において、投票者の多数が裁判官の罷免を可とするときは、その裁判官は、罷免される。

④　審査に関する事項は、法律でこれを定める。

⑤　最高裁判所の裁判官は、法律の定める年齢に達した時に退官する。

⑥　最高裁判所の裁判官は、すべて定期に相当額の報酬を受ける。この報酬は、在任中、これを減額することができない。

第八十条　下級裁判所の裁判官は、最高裁判所の指名した者の名簿によつて、内閣でこれを任命する。その裁判官は、任期を十年とし、再任されることができる。但し、法律の定める年齢に達した時には退官する。

②　下級裁判所の裁判官は、すべて定期に相当額の報酬を受ける。この報酬は、在任中、これを減額することができない。

第八十一条　最高裁判所は、一切の法律、命令、規則又は処分が憲法に適合するかしないかを決定する権限を有する終審裁判所で

審裁判所である。

（裁判の公開）

第八十二条　裁判の口頭弁論及び公判手続並びに判決は、公開の法廷で行う。

2　裁判所が、裁判官の全員一致で、公の秩序又は善良の風俗を害するおそれがあると決した場合には、口頭弁論及び公判手続は、公開しないで行うことができる。ただし、政治犯罪、出版に関する犯罪又は第三章で保障する国民の権利が問題となっている事件の口頭弁論及び公判手続は、常に公開しなければならない。

第七章　財政

（財政の基本原則）

第八十三条　国の財政を処理する権限は、国会の議決に基づいて行使しなければならない。

2　財政の健全性は、法律の定めるところにより、確保されなければならない。

（租税法律主義）

第八十四条　租税を新たに課し、又は変更するには、法律の定めるところによることを必要とする。

（国費の支出及び国の債務負担）

第八十五条　国費を支出し、又は国が債務を負担するには、国会の議決に基づくことを必要とする。

（予算）

第八十六条　内閣は、毎会計年度の予算案を作成し、国会に提出して、その審議を受け、議決を経なければならない。

2　内閣は、毎会計年度中において、予算を補正するための予算案を提出することができる。

3　内閣は、当該会計年度開始前に第一項の議決を得られる見込み

ある。

第八十二条　裁判の対審及び判決は、公開法廷でこれを行ふ。

②　裁判所が、裁判官の全員一致で、公の秩序又は善良の風俗を害する虞があると決した場合には、対審は、公開しないでこれを行ふことができる。但し、政治犯罪、出版に関する犯罪又はこの憲法第三章で保障する国民の権利が問題となつてゐる事件の対審は、常にこれを公開しなければならない。

第七章　財政

第八十三条　国の財政を処理する権限は、国会の議決に基いて、これを行使しなければならない。

〔新設〕

第八十四条　あらたに租税を課し、又は現行の租税を変更するには、法律又は法律の定める条件によることを必要とする。

第八十五条　国費を支出し、又は国が債務を負担するには、国会の議決に基くことを必要とする。

第八十六条　内閣は、毎会計年度の予算を作成し、国会に提出して、その審議を受け議決を経なければならない。

〔新設〕

〔新設〕

がないと認めるときは、**暫定期間に係る予算案を提出しなければならない**。

4 **毎会計年度の予算は、法律の定めるところにより、国会の議決を経て、翌年度以降の年度においても支出することができる。**

（予備費）

第八十七条 予見し難い予算の不足に充てるため、国会の議決に基づいて予備費を設け、内閣の責任でこれを支出することができる。

2 全て予備費の支出については、内閣は、事後に国会の承諾を得なければならない。

（皇室財産及び皇室の費用）

第八十八条 全て皇室財産は、国に属する。全て皇室の費用は、予算案に計上して国会の議決を経なければならない。

（公の財産の支出及び利用の制限）

第八十九条 公金その他の公の財産は、**第二十条第三項ただし書に規定する場合を除き、宗教的活動を行う**組織若しくは団体の使用、便益若しくは維持のため支出し、又はその利用に供してはならない。

2 公金その他の公の財産は、**国若しくは地方自治体その他の公共団体の監督が及ばない慈善、教育若しくは博愛の事業**に対して支出し、又はその利用に供してはならない。

（決算の承認等）

第九十条 内閣は、国の収入支出の決算について、全て毎年会計検査院の検査を受け、法律の定めるところにより、次の年度にその検査報告とともに**両議院に提出し、その承認を受けなければ**ならない。

2 会計検査院の組織及び権限は、法律で定める。

3 **内閣は、第一項の検査報告の内容を予算案に反映させ、国会に対し、その結果について報告しなければならない。**

〔新設〕

第八十七条 予見し難い予算の不足に充てるため、国会の議決に基いて予備費を設け、内閣の責任でこれを支出することができる。

② すべて予備費の支出については、内閣は、事後に国会の承諾を得なければならない。

第八十八条 すべて皇室財産は、国に属する。すべて皇室の費用は、予算に計上して国会の議決を経なければならない。

第八十九条 公金その他の公の財産は、宗教上の組織若しくは団体の使用、便益若しくは維持のため、又は公の支配に属しない慈善、教育若しくは博愛の事業に対し、これを支出し、又はその利用に供してはならない。

第九十条 国の収入支出の決算は、すべて毎年会計検査院がこれを検査し、内閣は、次の年度に、その検査報告とともに、これを国会に提出しなければならない。

② 会計検査院の組織及び権限は、法律でこれを定める。

〔新設〕

（財政状況の報告）
第九十一条　内閣は、国会に対し、定期に、少なくとも毎年一回、国の財政状況について報告しなければならない。

第八章　地方自治

（地方自治の本旨）
第九十二条　地方自治は、住民の参画を基本とし、住民に身近な行政を自主的、自立的かつ総合的に実施することを旨として行う。
2　住民は、その属する地方自治体の役務の提供を等しく受ける権利を有し、その負担を公平に分担する義務を負う。

（地方自治体の種類、国及び地方自治体の協力等）
第九十三条　**地方自治体は、基礎地方自治体及びこれを包括する広域地方自治体とすることを基本とし、その種類は、法律で定める。**
2　地方自治体の組織及び運営に関する基本的事項は、地方自治の本旨に基づいて、法律で定める。
3　国及び地方自治体は、法律の定める役割分担を踏まえ、協力しなければならない。地方自治体は、相互に協力しなければならない。

（地方自治体の議会及び公務員の直接選挙）
第九十四条　地方自治体には、法律の定めるところにより、条例その他重要事項を議決する機関として、議会を設置する。
2　地方自治体の長、議会の議員及び法律の定めるその他の公務員は、当該地方自治体の住民であって**日本国籍を有する者**が直接選挙する。

（地方自治体の権能）
第九十五条　地方自治体は、その事務を処理する権能を有し、法律の範囲内で条例を制定することができる。

第九十一条　内閣は、国会及び国民に対し、定期に、少くとも毎年一回、国の財政状況について報告しなければならない。

第八章　地方自治

〔新設〕

〔新設〕

第九十二条　地方公共団体の組織及び運営に関する事項は、地方自治の本旨に基いて、法律でこれを定める。

〔新設〕

第九十三条　地方公共団体には、法律の定めるところにより、その議事機関として議会を設置する。
②　地方公共団体の長、その議会の議員及び法律の定めるその他の吏員は、その地方公共団体の住民が、直接これを選挙する。

第九十四条　地方公共団体は、その財産を管理し、事務を処理し、及び行政を執行する権能を有し、法律の範囲内で条例を制定することができる。

（地方自治体の財政及び国の財政措置） 第九十六条　地方自治体の経費は、条例の定めるところにより課する地方税その他の自主的な財源をもって充てることを基本とする。 2　国は、地方自治体において、前項の自主的な財源だけでは地方自治体の行うべき役務の提供ができないときは、法律の定めるところにより、必要な財政上の措置を講じなければならない。 3　第八十三条第二項の規定は、地方自治について準用する。	〔新設〕
（地方自治特別法） 第九十七条　特定の地方自治体の組織、運営若しくは権能について他の地方自治体と異なる定めをし、又は特定の地方自治体の住民にのみ義務を課し、権利を制限する特別法は、法律の定めるところにより、その地方自治体の住民の投票において有効投票の過半数の同意を得なければ、制定することができない。	第九十五条　一の地方公共団体のみに適用される特別法は、法律の定めるところにより、その地方公共団体の住民の投票においてその過半数の同意を得なければ、国会は、これを制定することができない。
第九章　緊急事態 （緊急事態の宣言） 第九十八条　内閣総理大臣は、我が国に対する外部からの武力攻撃、内乱等による社会秩序の混乱、地震等による大規模な自然災害その他の法律で定める緊急事態において、特に必要があると認めるときは、法律の定めるところにより、閣議にかけて、緊急事態の宣言を発することができる。 2　緊急事態の宣言は、法律の定めるところにより、事前又は事後に国会の承認を得なければならない。 3　内閣総理大臣は、前項の場合において不承認の議決があったとき、国会が緊急事態の宣言を解除すべき旨を議決したとき、又は事態の推移により当該宣言を継続する必要がないと認めるときは、法律の定めるところにより、閣議にかけて、当該宣言を速やかに解除しなければならない。また、百日を超えて緊急事態の宣言を継続しようとするときは、百日を超えるごとに、事前に国会	〔新設〕

の承認を得なければならない。

4　第二項及び前項後段の国会の承認については、第六十条第二項の規定を準用する。この場合において、同項中「三十日以内」とあるのは、「五日以内」と読み替えるものとする。

（緊急事態の宣言の効果）

第九十九条　緊急事態の宣言が発せられたときは、法律の定めるところにより、内閣は法律と同一の効力を有する政令を制定することができるほか、内閣総理大臣は財政上必要な支出その他の処分を行い、地方自治体の長に対して必要な指示をすることができる。

2　前項の政令の制定及び処分については、法律の定めるところにより、事後に国会の承認を得なければならない。

3　緊急事態の宣言が発せられた場合には、何人も、法律の定めるところにより、当該宣言に係る事態において国民の生命、身体及び財産を守るために行われる措置に関して発せられる国その他公の機関の指示に従わなければならない。この場合においても、第十四条、第十八条、第十九条、第二十一条その他の基本的人権に関する規定は、最大限に尊重されなければならない。

4　緊急事態の宣言が発せられた場合においては、法律の定めるところにより、その宣言が効力を有する期間、衆議院は解散されないものとし、両議院の議員の任期及びその選挙期日の特例を設けることができる。

第十章　改正

第百条　この憲法の改正は、衆議院又は参議院の議員の発議により、両議院のそれぞれの総議員の過半数の賛成で国会が議決し、国民に提案してその承認を得なければならない。この承認には、法律の定めるところにより行われる国民の投票において有効投票の過半数の賛成を必要とする。

2　憲法改正について前項の承認を経たときは、天皇は、直ちに憲法改正を公布する。

〔新設〕

第九章　改正

第九十六条　この憲法の改正は、各議院の総議員の三分の二以上の賛成で、国会が、これを発議し、国民に提案してその承認を経なければならない。この承認には、特別の国民投票又は国会の定める選挙の際行はれる投票において、その過半数の賛成を必要とする。

②　憲法改正について前項の承認を経たときは、天皇は、国民の名で、この憲法と一体を成すものとして、直ちにこれを公布する。

第十一章　最高法規

〔削除〕

（憲法の最高法規性等）

第百一条　この憲法は、国の最高法規であって、その条規に反する法律、命令、詔勅及び国務に関するその他の行為の全部又は一部は、その効力を有しない。

2　日本国が締結した条約及び確立された国際法規は、これを誠実に遵守することを必要とする。

（憲法尊重擁護義務）

第百二条　**全て国民は、この憲法を尊重しなければならない。**

2　国会議員、国務大臣、裁判官その他の公務員は、この憲法を擁護する義務を負う。

附　則

（施行期日）

1　この憲法改正は、平成○年○月○日から施行する。ただし、次項の規定は、公布の日から施行する。

（施行に必要な準備行為）

2　この憲法改正を施行するために必要な法律の制定及び改廃その他この憲法改正を施行するために必要な準備行為は、この憲法改正の施行の日よりも前に行うことができる。

（適用区分等）

3　改正後の日本国憲法第七十九条第五項後段（改正後の第八十条第二項において準用する場合を含む。）の規定は、改正前の日本国憲法の規定により任命された最高裁判所の裁判官及び下級裁判所

第十章　最高法規

第九十七条　この憲法が日本国民に保障する基本的人権は、人類の多年にわたる自由獲得の努力の成果であつて、これらの権利は、過去幾多の試錬に堪へ、現在及び将来の国民に対し、侵すことのできない永久の権利として信託されたものである。

第九十八条　この憲法は、国の最高法規であつて、その条規に反する法律、命令、詔勅及び国務に関するその他の行為の全部又は一部は、その効力を有しない。

②　日本国が締結した条約及び確立された国際法規は、これを誠実に遵守することを必要とする。

第九十九条　天皇又は摂政及び国務大臣、国会議員、裁判官その他の公務員は、この憲法を尊重し擁護する義務を負ふ。

第十一章　補則

第百条　この憲法は、公布の日から起算して六箇月を経過した日から、これを施行する。

②　この憲法を施行するために必要な法律の制定、参議院議員の選挙及び国会召集の手続並びにこの憲法を施行するために必要な準備手続は、前項の期日よりも前に、これを行ふことができる。

第百一条　この憲法施行の際、参議院がまだ成立してゐないときは、その成立するまでの間、衆議院は、国会としての権限を行ふ。

第百二条　この憲法による第一期の参議院議員のうち、その半数の

の裁判官の報酬についても適用する。

4　この憲法改正の施行の際現に在職する下級裁判所の裁判官については、その任期は改正前の日本国憲法第八十条第一項の規定による任期の残任期間とし、改正後の日本国憲法第八十条第一項の規定により再任されることができる。

5　改正後の日本国憲法第八十六条第一項、第二項及び第四項の規定はこの憲法改正の施行後に提出される予算案及び予算から、同条第三項の規定はこの憲法改正の施行後に提出される同条第一項の予算案に係る会計年度における暫定期間に係る予算案から、それぞれ適用し、この憲法改正の施行前に提出された予算及び当該予算に係る会計年度における暫定期間に係る予算については、なお従前の例による。

6　改正後の日本国憲法第九十条第一項及び第三項の規定は、この憲法改正の施行後に提出される決算から適用し、この憲法改正の施行前に提出された決算については、なお従前の例による。

者の任期は、これを三年とする。その議員は、法律の定めるところにより、これを定める。

第百三条　この憲法施行の際現に在職する国務大臣、衆議院議員及び裁判官並びにその他の公務員で、その地位に相応する地位がこの憲法で認められてゐる者は、法律で特別の定をした場合を除いては、この憲法施行のため、当然にはその地位を失ふことはない。但し、この憲法によつて、後任者が選挙又は任命されたときは、当然その地位を失ふ。

憲法改正推進本部

平成２３年１２月２０日現在
（平成２１年１２月　４日設置

本部長

保利耕輔

最高顧問

麻生太郎　安倍晋三　福田康夫　森　喜朗

顧問

古賀　誠　中川秀直　野田　毅

谷川秀善　中曽根弘文

関谷勝嗣　中山太郎　船田　元　保岡興治

副会長

石破　茂　木村太郎　中谷　元　平沢勝栄
古屋圭司

小坂憲次　中川雅治　溝手顕正

事務局長

中谷　元

事務局次長

井上信治　近藤三津枝
礒崎陽輔　岡田直樹

（役員の並びは、五十音順）

著者紹介

小林　節（こばやし・せつ）

慶應義塾大学法学部教授・弁護士。1949年生まれ。元ハーバード大学研究員。憲法学。改憲派の論客として知られ、テレビの討論番組にも出演。自民党改憲草案作成プロセスに関わるが、出てきた草案をみて、立憲主義を逸脱した内容に仰天し、今回96条の改正に対し反対にまわる。著書に『白熱講義！日本国憲法改正』（KKベストセラーズ）『「憲法」改正と改悪　憲法が機能していない日本は危ない』（時事通信社）など多数。

伊藤　真（いとう・まこと）

弁護士・伊藤塾塾長・法学館憲法研究所所長。1958年生まれ。81年東京大学在学中に司法試験合格。現在は塾長として、受験指導を幅広く展開するほか、憲法問題の講演のため全国各地を奔走している。憲法や立憲主義について論理的でわかりやすい説明は定評がある。『赤ペンチェック自民党憲法改正草案』（大月書店）『憲法の力』（集英社新書）『中高生のための憲法教室』（岩波ジュニア新書）など多数。

自民党憲法改正草案にダメ出し食らわす！

2013年7月15日　第1刷発行

編　者　小林 節・伊藤 真
発行者　上野 良治
発行所　合同出版株式会社
　東京都千代田区神田神保町1-28
　郵便番号　101-0051
　電話　03（3294）3506
　振替　00180-9-65422
　ホームページ　http://www.godo-shuppan.co.jp/
印刷・製本　株式会社シナノ

■ 刊行図書リストを無料進呈いたします。
■ 落丁乱丁の際はお取り換えいたします。

ISBN 978-4-7726-1132-9　NDC323 188×130